AF359380

EXPOSITION

DE LA

SOCIÉTÉ DES AMIS DES ARTS

DE LYON

ANNÉE 1863

PAR

F. DARTOL

———∞———

LYON
LIBRAIRIE GIRAUDIER
PLACE BELLECOUR

PARIS
LIBRAIRIE Vᵛᵉ JOUBERT
RUE DES GRÈS-SORBONNE, 18

1863

EXPOSITION

DE LA

SOCIÉTÉ DES AMIS DES ARTS

DE LYON

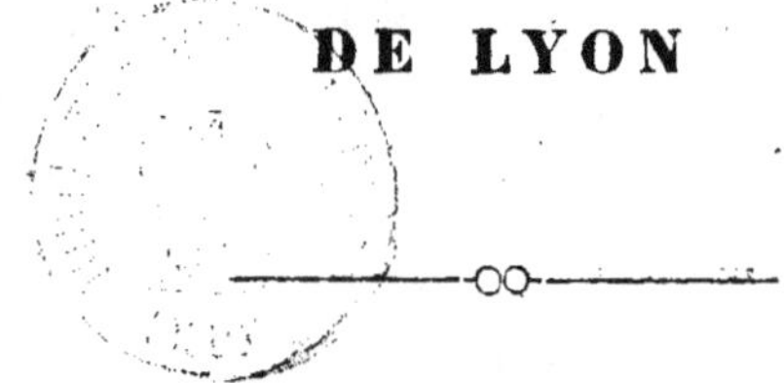

I

ART RELIGIEUX.

Des conditions modernes de l'art religieux. — L'église des sœurs Saint-Joseph, par M. BRESSON, architecte. — Peintures murales, par M. TYR.

Si la peinture religieuse occupe peu de place à notre exposition, c'est là un fait qui n'est pas nouveau dans les annales de l'art moderne, et l'on s'est souvent demandé pourquoi ce genre de composition était moins généralement cultivé et goûté de nos jours que dans les époques antérieures, pourquoi les artistes hésitaient à aborder les sujets religieux, pourquoi le public était si difficile à satisfaire en pareille matière, tandis qu'il accepte et admire si facilement des tableaux de genre ou des paysages souvent très-peu dignes de son attention.

On n'a pas manqué de répondre que cette absence générale de sympathie pour les sujets religieux était un signe de décadence en matière de foi, d'abaissement du niveau des idées religieuses, et l'on s'est contenté de cette explication banale, devenue un lieu commun, et qui me semble cependant si peu concluante que je la crois précisément le contraire de la vérité.

En effet, si les compositions religieuses mauvaises ou médiocres ne sont nullement de notre goût et ne trouvent de nos jours ni admirateurs ni acheteurs, en revanche, quel culte fervent et sympathique ne reçoivent pas les chefs-d'œuvre modernes du genre, tels que le *Martyre de saint Symphorien*, *Notre-Seigneur remettant à saint Pierre les clefs du paradis*, de M. Ingres ; *Jésus-Christ consolant les affligés*, *saint Augustin et sainte Monique*, de Scheffer ; la *Séparation des Apôtres*, de Gleyre ; les *Saintes femmes*, *Jésus et la femme adultère*, de Delaroche, et bon nombre de toiles, de fresques, de peintures murales, de MM. Flandrin, Orsel, Perrin, Tyr, etc. ! Si le public, sincère admirateur de ces œuvres magistrales dont quelques-unes sont devenues populaires et décorent le foyer de chaque famille, si ce même public dédaigne la peinture religieuse vulgaire et médiocre, ce fait, loin d'être un signe de décadence, n'attestet-il pas que le sentiment religieux s'élève avec le goût, que la foi se purifie, que l'idée des choses saintes, s'exaltant de plus en plus, devient moins facile à satisfaire et rejette comme des symboles imparfaits les représentations matérielles qu'elle considérait jadis comme une image suffisante de son idéal?

D'un autre côté, si les artistes n'abordent qu'en hésitant les motifs sacrés, n'est-ce pas à la fois par vénération pour de tels sujets et par méfiance de leurs propres forces? Les illustres exemples que nous venons de mentionner, nous prouvent avec quel soin, quel amour, quel respect, les peintres de nos jours envisagent l'art religieux. Tout, dans la conception comme dans l'exécution de leurs œuvres, est sérieux, noble, respectueux, digne en un mot de l'objet sacré qu'ils se proposent. Nous sommes bien loin, à cet égard, du sans façon, du laisser aller du moyen-âge et de la Renaissance. Nul ne se croit aujourd'hui permis de transformer sans façon la moindre étude académique en saint Sébastien percé de flèches, de placer dans l'enfer la caricature de ses ennemis, de représenter la sainte Vierge sous les traits de toute jolie femme, fût-ce une courtisane qui viendrait s'offrir à son pinceau !

Cette vénération pour les choses saintes, universellement professée de nos jours même par les incrédules, cette gravité, ce respect qui de l'âme de l'artiste se répandent sur sa toile, enlèvent sans doute à la peinture religieuse, vraiment digne de ce nom, les charmes, les grâces coquettes et mondaines dont elle ne dédaignait pas de se parer au temps passé. Nous ne voyons plus s'épanouir dans le champ de l'art sacré les naïvetés crues et risquées dont les peintures du moyen-âge nous offrent de si curieux exemples même dans notre musée ; nous ne voyons plus l'image de beautés séduisantes maniérées, et parées comme pour des fêtes, placée sur le simple et chaste autel de la vierge de Bethléem. L'art religieux, on ne saurait en douter, est sorti des voies anciennes, il s'est transformé avec la pensée humaine, il est devenu *réformé*, presque puritain, et, n'hésitons pas à le dire, il a plus gagné que perdu à cette transformation ; il s'est nettement distingué de l'art profane, il s'est épuré, spiritualisé ; s'il a perdu la naïveté, il a acquis la gravité, s'il a abandonné quelques vains ornements, il a gagné en profondeur de pensée et d'expression, en élévation de caractère.

Ainsi concentré dans son domaine propre, l'art sacré offre de bien plus grandes difficultés qu'autrefois ; les exigences du public sont proportionnées à l'exaltation de son idéal, et cependant les moyens que peut employer l'artiste pour répondre à ces besoins nouveaux se trouvent restreints par le progrès même de la pensée religieuse, ainsi que par une connaissance plus générale, plus approfondie de la nature et des lois du monde physique.

Le but de l'art religieux est de nous retracer le *saint*, le *divin*, et il peut atteindre ce but par une double voie : soit en nous représentant directement le monde surnaturel et les êtres immatériels qui peuplent ce monde ; soit en nous inspirant la sainteté, l'exaltation religieuse par le spectacle des choses d'ici-bas, de la nature, de l'homme, des actions humaines dans leurs rapports avec Dieu, en faisant en un mot resplendir à nos yeux le rayon divin qui repose dans les créatures comme un témoignage visible de la gloire du créateur. Raphaël a employé le premier de ces procédés, lorsqu'il nous a représenté, par une image entièrement empruntée au monde immatériel et invisible, le prince de la milice céleste, l'archange saint Michel luttant dans les espaces imaginaires de l'univers intelligible, triomphant du génie du mal et terrassant le prince des ténèbres. Il a employé le second dans le plus grand nombre de ses tableaux et en particulier dans ses *vierges* ; le sentiment religieux naît naturellement et de lui-même, à la seule contemplation de ces purs et célestes visages, dont le caractère vraiment divin faisait dire à Carle Maratte, que si, ne connaissant pas l'existence de Raphaël, il eût vu un de ses tableaux, il l'eût cru peint par un ange.

Je doute que la représentation directe du monde surnaturel soit aujourd'hui fort efficace pour atteindre le but de l'art religieux, qui est non d'étonner, de surprendre, de charmer, mais de toucher, d'émouvoir, de sanctifier. Nous sommes loin de l'époque où l'on discutait sur la nature du corps des êtres célestes ; leur immatérialité absolue est trop universellement admise pour que nous puissions bien sérieusement nous les figurer sous les traits que leur prête le pinceau du peintre ou le ciseau du sculpteur. De pareilles représentations peuvent paraître plus ou moins adroites, ingénieuses, attrayantes, mais, si l'on doit bien se garder de les bannir de l'art mythologique et fantaisiste, l'art vraiment religieux a peu à gagner à les admettre, au-delà du moins de certaines limites. Ainsi en ont jugé la plupart des peintres modernes de l'école française. Les plus populaires de leurs œuvres religieuses, le *Christ consolateur*, *Jésus et la Femme adultère*, *saint Augustin et sainte Monique*, de même que la belle tête de Christ de M. Tyr, si généralement répandue et goûtée dans notre ville, grâce à la gravure qu'en a fait exécuter la société des Amis des Arts, ne doivent la généralité de leur succès qu'à l'expression des figures, au sentiment religieux dont elles sont pénétrées et qui s'en exhale comme le parfum d'une fleur divine, sans qu'il soit besoin pour atteindre ce résultat, véritable objet de l'art religieux, de l'intervention d'aucune action, d'aucun être surnaturels. M. Ary Scheffer, celui de tous nos peintres qui a peut-être le mieux compris les vraies conditions de l'art religieux dans les temps modernes, s'est attaché à exclure toujours autant que possible le surnaturel de ses compositions, et lorsque, par la nature même du sujet, il a été contraint de l'admettre, ce n'a été qu'en le transformant, en le dépouillant des antiques accessoires qui pouvaient souvent offrir un côté vulgaire ou ridicule. Dans la *Tentation du Christ*, par exemple, ainsi qu'on l'a remarqué, « Satan a perdu ses cornes et ses griffes, il n'a gardé que ses ailes, appendice qui seul le rattache encore au monde surnaturel et ne semble conservé que pour faire ressortir le triomphe de la forme humaine pure, représentée par le Christ, sur la forme hybride de l'être mythologique (1). »

Ces réflexions nous ont été suggérées, moins par l'aspect de l'exposition, si peu riche en sujets de sainteté, que par la contemplation des belles peintures murales exécutées par M. Tyr dans la chapelle de la vierge des sœurs Saint-Joseph. Ce spécimen, malheureusement encore inachevé, d'art religieux, œuvre d'un artiste prédestiné pour ainsi dire par vocation et par nature à la culture de cet art aux principes traditionnels duquel il a été initié par M. Orsel, un des maîtres du genre, nous offre une heureuse occasion d'étudier, dans des conditions tout-à-fait exceptionnelles, la peinture sacrée, en confirmant par cet examen la justesse des observations ci-dessus-énoncées.

Le milieu dans lequel se trouve placée une œuvre d'art, le cadre décoratif et architectural qui l'en-

____

(1) Renan, *Études d'hist. religieuse*, p. 249.

toure, influe singulièrement, chacun le sait, sur l'effet qu'elle peut produire. M. Tyr est on ne peut plus favorisé à cet égard. L'église dont ses peintures doivent décorer les chapelles absidales (une seule de ces chapelles est terminée en ce moment) est un vaisseau roman du meilleur style et rappelant sous plusieurs rapports notre admirable basilique d'Ainay ; mais au lieu d'imiter servilement le modèle antique dont il s'inspirait, M. Bresson, l'habile architecte de la nouvelle église, a eu l'heureuse idée de reporter le diamètre de ses cintres plus haut que les chapiteaux des colonnes qui les supportent. Il a ainsi donné aux voûtes une surélévation élégante qui permet à l'air et à la lumière de circuler plus librement ; il a en même temps imprimé à tout l'édifice un caractère qui, sans rien perdre du calme et de la dignité du style roman, rappelle quelque chose de la légèreté du genre ogival, de l'élancement, de la gravitation des édifices gothiques vers le ciel, vers l'infini. Cet effet est complété par la rangée de colonnettes qui supportent les petits cintres supérieurs, par le vide des tribunes qui allége encore la construction, enfin par les peintures riches et harmonieuses dont sont partout couvertes les murailles. Les chapiteaux des colonnes et des colonnettes sont dorés ; les parois et les voûtes, décorées à l'encaustique, offrent à l'œil toute la variété infinie de détails, de couleurs, d'emblêmes, de symboles, d'allusions mystiques exigés par l'art catholique. Cette ornementation fine et délicate jusqu'à la minutie, loin de produire aucun effet criard, aucun papillotage, se confond, s'harmonise dans un grand parti pris de tons qui témoigne à la fois de l'intelligence du peintre et du bon goût de l'architecte sous la direction duquel ont été faites ces décorations.

On comprend combien naturellement, et comme par une conséquence nécessaire de la conception générale qui a présidé à l'érection de l'édifice, la peinture, dont toutes ses parois sont couvertes ainsi que d'une végétation symbolique, doit s'épanouir avec un nouvel éclat, avec une richesse inattendue, dans le chœur, dans l'abside, dans ce *sanctum sanctorum*, sur les voûtes sacrées duquel nul ornement n'est mieux à sa place que l'image des mystères principaux, des symboles les plus vénérés, des plus grandes scènes de la religion.

Ces voûtes, comme celles de Saint-Marc à Venise, sont recouvertes d'une mosaïque dorée, et c'est sur ce fond d'or que M. Tyr a dû retracer les sujets qu'il a choisis ou qui lui ont été imposés par les nécessités du culte. L'*Annonciation*, tel est le motif représenté dans la seule de ces chapelles aujourd'hui terminée. La composition en est et devait en être fort simple : la vierge debout, enveloppée de draperies longues et serrées, écoute dans l'attitude du recueillement et de l'adoration les paroles du messager céleste qui lui apparaît porté sur un nuage et agenouillé devant celle de qui doit naître le sauveur du monde. Le Saint Esprit, personnifié dans une colombe, descend sur la vierge, et l'image auguste du Père Eternel sous la forme d'un vieillard domine cette scène simple, calme et naïve comme celles que traçaient les peintres des premiers âges, Orcagna, l'Ange de Fiesole ou fra Bartholomeo.

Ce qu'il y a cependant dans cette composition si peu compliquée d'allusions mystiques, d'emblèmes symboliques, d'archaïsmes catholiques, c'est ce qu'un élève d'Orsel, un collaborateur de M. Perrin, pourraient seuls nous expliquer en détail. Le Père Eternel tient dans la main gauche le globe, emblême de la création, surmonté de la croix, symbole du salut ; de la droite, il lève trois doigts, pour figurer la Trinité. Les vêtements de la Vierge sont aux couleurs qui lui sont consacrées, la robe de l'ange est verte comme l'espérance, ses pieds sont couleur de feu pour rappeler la nature ignée de l'envoyé céleste, il tient en main une branche de lys, image de la pureté, etc. etc. Combien d'artistes sentiraient l'inspiration s'enfuir et le pinceau tomber de leurs mains en face de ces exigences d'un art suranné, en présence de ces arcanes de la science héraldique sacrée ! M. Tyr, au contraire, est comme soutenu par ces entraves et raffermi par ces difficultés. Jamais son crayon et son pinceau ne se meuvent plus à l'aise que parmi les voies sinueuses, détournées, inextricables de la symbolique. Aussi dirons-nous, pour premier éloge de sa peinture,

qu'elle a toute l'aisance, la facilité, la libre allure
que peut comporter la sphère étroite dans laquelle
il lui était donné de se mouvoir, et que, si elle res-
semble à une vignette détachée d'un missel du
XVᵉ siècle, ce n'est cependant pas sans qu'on y
sente l'inspiration propre, le génie particulier du
peintre, de l'Overbeck français, comme on a appelé
M. Tyr.

La rectitude du dessin, le fini d'exécution, la
science accomplie de la partie matérielle de l'art
apparaissent à peu près également dans toute
cette œuvre, qui nous semblerait presque parfaite
dans son genre si l'auteur n'était venu se heurter
aux difficultés inévitables qu'accumulait autour de
lui le respect trop absolu de la tradition. Que dire,
en effet, du buste de Dieu le père, imitation par
trop exacte des Byzantins ? La symbolique exigeait
sans doute qu'il apparût à cette place. C'est, du
reste, une belle tête de vieillard, mais c'est la tête
banale et traditionnelle que nous connaissons tous;
elle est, au point de vue artistique, un hors-d'œuvre
et n'ajoute certainement rien à l'impression pro-
duite, à l'émotion religieuse, car nous savons
tous dès notre enfance que le Dieu immatériel
et infini n'a aucun rapport avec cette personnifica-
tion, et que si la poésie inspirée de David ou d'Ezé-
chiel peut nous donner, par de sublimes images,
une idée vague de la splendeur divine, la peinture
est un art trop matériel pour ne pas être tout à fait
impuissante à cet égard.

Le personnage de la *Vierge* est bien posé ; les draperies en sont élégantes, quoique peut-être un peu minces de plis. L'attitude du corps, le mouvement des mains, l'expression du visage, tout est en accord parfait et exprime d'une manière irréprochable la vertueuse componction, la sainte et innocente candeur. Peut-être reprochera-t-on au profil de n'avoir pas toute la beauté éclatante qu'on aime à voir à la reine des cieux ; mais ici l'artiste nous semble être resté avec raison fidèle à sa donnée, en cherchant l'expression de sainteté plutôt que la beauté du visage ; sa Vierge candide et simple d'attraits est plus vraie, plus touchante que plus d'une de ces splendides **Marie** qu'enfantait le pinceau quelque peu païen des peintres de la Renaissance.

Quant à l'ange, je l'admirerais sans restriction sans le malencontreux nuage qui ne peut ni supporter le messager céleste, ni se supporter lui-même. Cette réserve faite, disons hardiment que c'est une admirable image de sainteté, digne en tous points de devenir classique et qui le sera bientôt nous l'espérons. Sa beauté, vraiment angélique, a la correction d'un modèle antique, idéalisé par le spiritualisme chrétien. Tout est digne dans son aspect, tout est simple et saint dans son attitude. Sans qu'on lui trouve rien de coquet ou d'efféminé, il réunit toutes les grâces de la femme ; sans qu'il rappelle en quoi que ce soit la force virile et matérielle, il a l'ardeur contenue d'un bel éphèbe.

Nulle disproportion ne nous choque dans ce visage harmonieux et parfaitement régulier, et cependant grâce à un artifice merveilleux du crayon et du pinceau, le front, la partie intellectuelle, acquiert une telle importance et domine tellement sur le reste des traits, qu'on sent que tout est esprit, pensée, adoration et amour chez cet être mystérieux. Ce front splendide est couronné, mieux que par l'auréole, par des tresses abondantes, dorées, comme par un reflet de la lumière céleste et que soulève, comme une inspiration incessante, le souffle de Dieu.

II

ART RELIGIEUX (*suite*).

Les supernaturalistes : *Dieu créateur*, MM. Cubizole, Soumy; *le Sauveur du monde*, M. Leullier; *les Vierges, les Saintes*, MM. Montessuy, Doze, Ravel, Felon, Couturier. — Scènes d'histoire religieuse et d'édification : MM. Sodar, May, Guichard, Lafon, Lehmann, Comte-Calix, Hillemacher, Roussin, Landelle, Lobbedez, Valério, Robert, Hertel, Lanfant de Metz, Sublet, Allard, Mlle Fougère.

De toutes les représentations de Dieu qu'ait enfantées l'art chrétien, la plus admirable, sans contredit, est l'image du Créateur peinte par Michel-Ange dans la chapelle Sixtine. On n'y voit du Père Eternel

que la tête et les mains ; mais cette vaste tête et
ces fortes mains remplissent tout l'espace et rendent
pour ainsi dire sensible aux yeux l'essence divine,
qui est toute intelligence et toute puissance. Cette
représentation, on le voit, se rapproche du pur
symbole et laisse une latitude immense à l'imagi-
nation, à la pensée : de là peut-être un des secrets
de sa sublimité.

C'est sans doute en songeant à ce chef-d'œuvre
que M. Cubizole a moulé son bas-relief qui nous
représente le *Dieu créateur* par une tête colossale.
Mais ici le symbole est incomplet : si ce vaste front
chargé de pensées nous révèle l'intelligence divine,
rien ne nous fait penser à la toute puissance, et le
maître dont s'est inspiré le sculpteur lyonnais n'a
eu garde de mutiler ainsi l'idée divine.

M. Soumy, lui, a simplement copié Michel-Ange,
c'est difficile sans doute, mais moins cependant que
de l'imiter, aussi pouvons-nous louer, sans restriction, le beau dessin dans lequel est reproduite la
création de l'homme, d'après un des compartiments
de la Sixtine. Les exigences du cadre, les disposi-
tions particulières des voûtes ou des pendentifs de
la célèbre chapelle, expliquent l'ordonnance singulière de cette composition qui se développe toute en
longueur sous la forme d'une espèce d'angle obtus
dont Dieu et l'homme forment les deux côtés. Le
créateur est représenté par un noble et beau vieillard, des chérubins, groupés de la manière la plus
hardie et la plus pittoresque, le supportent parmi

les nuages, et de sa main divine il transmet à l'homme, placé sur le globe terrestre, les effluves de la vie. Comme toutes les œuvres de Michel-Ange, celle-ci se fait remarquer par la vigueur et l'énergie du dessin, la hardiesse des poses et des raccourcis, la vivacité de l'effet, l'imprévu des attitudes et de la composition. De semblables chefs - d'œuvre sont toujours jeunes et nous ne pouvons que féliciter M. Soumy d'avoir reproduit celui-ci. C'est en faisant de pareilles copies qu'on se prépare à devenir soi-même créateur.

Une autre bonne copie, quoique un peu sèche dans certaines parties, est celle qu'a exécutée M. Montessuy d'après le célèbre tableau de M. Ingres, *le Vœu de Louis XIII*. Nous n'avons pas à nous prononcer ici sur la peinture originale dont les grandes qualités, la rare perfection du dessin, la noblesse, la dignité, le style sont suffisamment connus et peuvent être en partie appréciées dans la reproduction réduite de M. Montessuy. Quant aux défauts, ils sont également saillants; on a dit que le roi de France était représenté par un manteau semé de fleurs de lys ; on a remarqué que la dignité par trop superbe de la Vierge rappelait plutôt une souveraine arrogante et dédaigneuse que la douce consolatrice des affligés. Mais ce qui nous choque surtout, c'est ce mélange bizarre du surnaturel et du réel alignés sur le même plan, baignés dans la même atmosphère, ces chérubins qui supportent des cartouches à côté d'un personnage de l'histoire moderne et nullement légendaire, cette vierge qui trône au-dessus du roi sous des formes aussi nettes, aussi précises, aussi arrêtées que celles des objets réels qui l'entourent! Il y a là, il me semble, quelque chose de choquant, d'invraisemblable, et peut-être pourrait-on souhaiter que le peintre, pour donner à cette scène l'apparence du merveilleux, eût placé ses personnages surnaturels sur un plan un peu plus éloigné, dans un milieu plus vague, et les eût baignés d'une lumière différente de celle qui éclaire les objets matériels.

Ceci nous amène à remarquer que l'art du coloriste, bien plus que celui du dessinateur, nous paraît apte à idéaliser, non pas sans doute une image particulière, une figure individuelle, mais l'ensemble d'une action, d'une scène en général et particulièrement d'une action merveilleuse, d'une scène surnaturelle.

Dans tous les cultes, les phénomènes lumineux, l'éclat des astres, l'opposition de la clarté et des ténèbres ont fourni les images les plus frappantes, les symboles les plus populaires pour représenter la divinité. Comment l'art n'aurait-il pas utilisé cette donnée? Les Titien, les Rubens, les Murillo, les coloristes de toutes les écoles ont bien senti que le merveilleux, le surnaturel habitait un monde de lumière, et ils baignaient de cette clarté divine les toiles destinées à retracer les splendeurs de ce monde inconnu, tout en donnant au contraire une vigoureuse réalité aux personnages terrestres placés en général dans le bas et sur le devant de leurs toiles. L'*Assomption de la Vierge* de Titien nous offre un modèle accompli de cette distinction entre le réel et le divin, de ce contraste intelligent et fécond en splendides effets sous le pinceau du génie. Parmi les peintures modernes, la plus frappante, la plus saisissante représentation du monde surnaturel (du monde inférieur il est vrai), la *Barque du Dante*, est l'œuvre du premier de nos coloristes. Enfin, le plus coloriste de nos dessinateurs, celui qui, dans ses compositions vigoureuses et originales, sait tirer un parti si remarquable des jeux variés des ombres et des lumières, M. Gustave Doré, est aussi celui de tous nos artistes sous le crayon duquel éclosent, s'épanouissent, se déroulent avec le plus de spontanéité et d'énergie toutes les beautés, toutes les merveilles, toutes les terreurs du monde miraculeux décrit par les poètes.

Le seul tableau religieux se rattachant quelque peu à l'école coloriste que nous ayons remarqué à notre exposition, est celui de M. Doze, de Nîmes, représentant le *Triomphe de la Vierge*. Il y a dans cette petite toile, outre une imitation adroite et intelligente des Espagnols, des détails gracieux et une certaine puissance de coloris parfaitement convenable pour localiser l'action qui se passe dans les plaines lumineuses de l'éther.

Que ne voyons-nous des tons pareils éclairer l'*Extase de sainte Thérèse* de M. Ravel, œuvre estimable du reste sous une foule de rapports. Transportée à la vue des joies du ciel qui lui apparaissent sous la forme de chœurs angéliques, Thérèse, agenouillée devant un autel, déchire ses riches vêtements pour indiquer qu'elle ne veut plus à l'avenir qu'une parure céleste. Le personnage principal est parfaitement dessiné, les marbres du premier plan et tous les accessoires sont exécutés avec un fini remarquable et font trompe-l'œil ; le paysage dans le lointain est d'une grande finesse ; mais il est difficile de comprendre que l'ardeur, la passion de la sainte se traduise d'une manière si calme sur sa physionomie et dans son geste. Le spectateur reste froid devant cette toile dont l'aspect devrait lui faire comprendre à un certain degré les sentiments de bouillant mysticisme qui ravissent l'ardente Espagnole.

Le pastel est de tous les genres de peinture le plus artificiel, le plus mondain, le plus fardé, si j'ose m'exprimer ainsi ; M. Leullier a eu la singulière idée de l'appliquer à un sujet religieux ; il n'a fait et ne pouvait faire autre chose qu'un panneau de boudoir ou un dessus de bonbonnière.

M. Felon a bien mieux réussi dans sa *Mater Salvatoris*, gouache mêlée de crayon ; la vierge est digne, l'enfant bien posé, le tout d'un dessin à peu près irréprochable.

M. Couturier a représenté l'*Assomption de la Vierge* d'après le groupe de sculpture de Notre-Dame de Dijon. Cette copie exécutée en grisaille ne manque pas de relief et produit, vue à une certaine distance, un effet de trompe-l'œil qui est le principal résultat auquel a dû tendre l'artiste d'après le sujet sculptural qu'il avait choisi.

L'histoire sainte de l'ancien et du nouveau testament fournit un certain nombre de tableaux, dont hélas ! bien peu de passables. M. May, dans une vaste toile, a représenté deux femmes juives, la mère et la fille sans doute, assises auprès des fleuves de Babylone et pleurant au souvenir de Sion. La tête de la mère est belle; il y a quelque chose de touchant dans l'expression de ses yeux rougis et suivant avec tristesse un vol de grues qui se dirige, sans doute, du côté de cette patrie si ardemment regrettée. La plus jeune ne rappelle en rien le beau type de la race d'Israël, sa tête est lourde, ses traits sont bouffis. L'exécution générale du tableau laisse, du reste, beaucoup à désirer, elle est trop lâchée, tout y est vague, flottant, indécis.

M. Sodar a peint une Judith dont il n'y a rien à dire, sinon que les tons en sont gris et sales et que lorsqu'un peintre choisit un sujet illustré par tant de maîtres, il devrait du moins donner à son héroïne une physionomie, une expression quelconque, et ne pas se contenter de copier la première *bosse* venue qu'il trouve dans son atelier.

La *Descente de croix* de M. Guichard rappelle certaines fresques de Daniel de Volterre et témoigne d'études et de qualités sérieuses chez son auteur. Cependant, si le dessin de M. Guichard est généralement correct, nous blâmerons des tons durs et criards dans sa peinture.

Que dire du *Jésus et Marie* de M. Lafon ? Rien n'y est fait, rien n'y est arrêté ; les chairs, les vêtements, le paysage sont d'une même couleur violacée des plus désagréable ; les figures et les extrémités sont à peine indiquées, et cependant nous savons que l'auteur est *médaillé*, est *décoré !* Ce sont là des titres qui obligent, et comme nous ne voulons pas admettre que les commissions et les gouvernements se trompent, nous devons croire que M. Emile Lafon avait une bien piètre idée de notre exposition pour y risquer un pareil envoi !

Le dessin aux deux crayons de M. Lehman, représentant la *Vierge mère*, est en revanche une œuvre consciencieuse et remarquable ; la douleur poignante de la Vierge est simplement et profondément exprimée. Cette tête d'un âge mûr, nous résume toutes les souffrances de la maternité, dont elle nous représentait, plus jeune, les joies et les chastes ivresses ; on sent que la divine mère n'a plus qu'à remonter au ciel après avoir vu le supplice du fils qu'elle a tant aimé.

Arrivons maintenant aux scènes se rattachant à la vie religieuse moderne ; ici nous nous rapprochons tout à fait du *genre* proprement dit, aussi rencontrerons-nous peut-être moins de sujets de déception que dans les productions précédentes. Voici en effet tout d'abord un petit tableau fort touchant et tout à fait estimable, c'est le *Jour des morts* de M. Comte Calix. La scène est en Bretagne ; la lande, légèrement voilée par la brume de novembre, s'étend au loin morne et désolée, tandis que le vent froid du Nord sillonne de rares éclaircies les nuages qui couvrent le ciel. Cependant une modeste croix de pierre blanche indique sur la colline l'emplacement du cimetière rustique vers lequel se dirige en pleurant une pauvre veuve. Dans ses bras elle tient un enfant encore à la mamelle ; une petite fille, comme effrayée de la tristesse de sa mère, la suit et s'attache à ses vêtements, tandis que l'aîné des enfants, garçon de dix à douze ans, déjà capable de comprendre son malheur, porte les fleurs qui doivent décorer la modeste tombe du père de famille. Dans cette composition, M. Comte Calix, sans cesser d'être lui-même, a su ne céder à aucun de ces entraînements vers la grâce minaudière et affectée qui lui sont trop ordinaires ; il s'est sagement conformé à sa donnée ; il est resté simple et vrai, et il a fait un bon tableau.

Ce sont pareillement les douleurs d'une mère veuve pauvre et souffrante qu'a retracées M. Hillemacher dans *Un cierge offert à Notre-Dame des sept douleurs,* mais ici à côté de la donnée sentimentale apparaît une légère intention satirique. La figure pâle, maladive, souffreteuse de la femme qui fait l'offrande, est opposée à la face satisfaite, rubiconde, épanouie de celle qui la reçoit. Le peintre dit avec le poète

> . . . . . Dieu prodigue ses biens
> A ceux qui font vœu d'être siens.

M. Roussin nous a envoyé des Bretons, cela va sans dire ; il devrait bien varier un peu ses sujets et ses procédés de peinture. Pourquoi faut-il que nous fassions en partie le même reproche à M. Landelle ? *La sortie de Vêpres à Béost*, est un charmant petit tableau, l'architecture est élégante et originale, les petites figures de Béarnaises sont très-bien dessinées et ont tout le recueillement voulu par la circonstance ; le ton général est agréable, mais M. Landelle a déjà exposé ce motif, et si nous ne nous trompons, la Société des Amis des Arts en a fait l'acquisition l'année dernière. Ce n'est pas ici le cas de dire : *Bis repetita placent.....* Puisque nous en sommes à M. Landelle, mentionnons son étude au pastel que déshonore malheureusement un raccourci impossible. Nous plaignons sincèrement l'enfant estropié aussi impitoyablement.

M. Sublet, dans son *Obole de la veuve*, s'est montré moins cruel, mais il a donné à son marmot un *dos* qui suffirait aisément à deux hercules enfants. Nous aimons mieux les bambins de la *Crèche*, de M. Lanfant de Metz ; ceux-ci du moins sont d'un aspect gracieux et d'une couleur agréable. L'excès dans ce genre vaut mieux que l'excès opposé ; M. Lanfant ne vise qu'au *joli*, mais il n'est pas donné à tout le monde d'arriver au *beau*.

M. Hertel est plus réaliste : ses enfants en prière sont bien enlevés sur nature ; ce sont de vrais types germaniques, comme en témoigne leur front carré, l'expression de leur foi sérieuse et naïve, et jusqu'au mouvement de leurs lèvres d'où sortent bien certainement des syllabes des bords du Rhin ; ils mâchent *le caillou germanique.*

Le dimanche matin de M. Valério est une des bonnes toiles de notre exposition, bien que la couleur en soit un peu trop généralement lie de vin, et que la figure de la jeune fille semble faite de convention plutôt que d'après nature. Mais ces défauts sont rachetés par la grâce simple, modeste et recueillie de la jeune lectrice , par le sentiment qui respire dans la composition et surtout par une tonalité générale parfaitement harmonieuse , grâce à laquelle tout est bien à sa place, tout se tient dans ce joli tableau, qui est aux yeux ce que serait pour l'oreille une douce et religieuse symphonie exécutée par des instruments parfaitement d'accord. Nous félicitons M. Valério ; qu'il étudie, qu'il scrute, qu'il serre de plus près la nature et il deviendra un de nos bons peintres de genre.

Le *Moine dominicain* de M. Robert est peint avec une certaine énergie et surtout avec une prodigieuse adresse de pinceau ; la tête est belle.

Le *Calvaire* de M. Lobbedez, malgré de nombreuses imperfections, est d'un aspect saisissant : Ce crucifix gigantesque qui projette au milieu d'une lumière douteuse sa grande ombre sur les murailles, a quelque chose de fantastique et d'effrayant ; on dirait les bras démesurés d'un géant.

Les paysans belges qui se prosternent devant cette image du Christ doivent trembler plutôt qu'espérer : c'est l'effroi mis au service de la religion.

Il nous resterait à parler des peintures de M. Lugardon, de Genève, dont nous connaissons quelques compositions qui ne sont pas dénuées de mérite ; des deux toiles qu'il a exposées cette année, l'une, les *Paysans napolitains en prière*, n'ajoutera rien à la réputation de l'auteur ; l'autre, le *Crucifix brisé*, est meilleure, mais elle a un grave défaut, c'est d'avoir une fois déjà pris place à l'une de nos expositions. Nous croyions cependant que la maxime *Non bis in idem* était ici de droit strict.

Mentionnons enfin le *Salus infirmorum* de M. Allard et les deux vastes compositions de Mlle Fougère : *Prise d'habit aux Carmélites*, et *Un officier de zouaves mortellement blessé*. Mais ici nous nous récusons tout à fait, l'art n'a rien de commun avec de pareilles productions, nous tombons dans l'*imagerie*

III

PORTRAITS. — TÊTES D'ÉTUDE

MM. Paul Flandrin, Court, Soumy.— Mlle Koch.— MM. Paul
Saint-Jean, Nanteuil, Ricard, Dupoizat, Braquemond. —
Mme Doucet. — MM. Bertrand, Guichard, Tyr, J. Faure,
Legras, Danguin.

A Thèbes, une loi punissait d'une amende tout
peintre qui avait fait un mauvais portrait. Que d'artistes seraient intéressés à s'opposer au retour d'une
pareille loi ! Cependant nous devons convenir que
cette année-ci le nombre des délinquants serait
moins considérable que les précédentes. Notre salon
brille précisément par le côté le plus faible d'ordinaire dans nos expositions. Si nous avions à décer-
ner une palme au genre de peinture qui s'est le plus
distingué, nous l'accorderions sans hésiter au
portrait.

Ce n'est pas sans intention que nous nous propo-
sons d'examiner le *portrait* de suite après l'*art religieux.* Si celui-ci, en effet, a pour but l'idéal dans sa
manifestation la plus élevée, la plus générale, celui-là
doit nous représenter le réel sous sa forme la plus
immédiate et la mieux déterminée dans la *ressem-
blance individuelle* ; l'un nous peint l'âme, la vie
morale d'une époque, l'autre nous montre l'homme,
l'individu, le visage même sur lequel se réflète cette

vie intérieure. De l'étude comparée de ces deux branches extrêmes de l'art résulte donc un contraste fécond en enseignements philosophiques et moraux que notre tâche n'est point d'indiquer ici. Contentons-nous de constater qu'entre la pensée et l'expression des traits, entre la vie intérieure et la physionomie, il existe toujours un certain rapport. Entendue d'une manière large et générale, nulle maxime n'est plus vraie que celle-ci : « les traits sont le miroir du cœur. »

L'art religieux de notre époque nous est apparu comme se détachant peu à peu de la tradition, ou du moins comme s'y conformant plutôt par convenance que par un attachement réel et profond à des symboles dont l'action sur les âmes est fort contestable. Cet art, hésitant encore dans sa voie, professe généralement, avons-nous dit, des tendances essentiellement spiritualistes, et en toutes circonstances, même lorsqu'il doute, il est sérieux, grave, réfléchi, plein de respect pour son objet, et pénétré de la sainteté de sa mission.

Cette gravité de l'âme, ce respect des idées élevées, cette conviction du rôle sérieux de l'homme ici-bas, le *portrait* va nous les rendre visibles, nous les faire pour ainsi dire toucher au doigt dans les traits de nos contemporains.

Jetons les yeux sur cette image d'un jeune homme (M. Paul Flandrin peint par lui-même), dont la tête pensive se détache sur un fond vert, couleur ingrate et dure qui augmente encore l'effet terne et froid de cette peinture. Le regard est sérieux et même triste ; le teint sans être maladif, n'a cependant rien de cette fraîcheur, de cet éclat qui devraient colorer les joues et illuminer la physionomie de la jeunesse. Les cheveux, courts et négligés, la cravate noire, l'habit, d'une nuance sombre et boutonné jusqu'au menton, tout, dans le costume comme dans l'expression des traits, atteste une austérité singulière et frappante.

Ce portrait si sobre de couleur, si dénué d'ornements, a cependant un charme extraordinaire ; il séduit, il attire, il fait rêver. Ce jeune homme pensif, pâli par le travail, dédaigneux des soins extérieurs, est comme un sphynx auquel on voudrait demander le secret du contraste frappant qu'offre sa physionomie avec celle qu'on aime d'ordinaire à prêter aux hommes de son âge. Ce secret, nous le connaissons, c'est celui de toute la jeunesse intelligente et laborieuse de l'époque moderne ; c'est celui de ces artistes, de ces penseurs qui pâlissent devant un bureau ou un chevalet, en cherchant leur voie, en s'efforçant de pénétrer la pensée du siècle. Nous trouvons dans cette image le type de l'*austérité laïque* propre à notre génération, et qui prend sa source dans la réflexion, la recherche inquiète, l'amour du travail et le sentiment désintéressé du devoir, comme l'austérité religieuse, l'ascétisme du moyen-âge trouvait la sienne dans l'enthousiasme mystique.

Arrêtons maintenant nos regards sur le portrait

d'un vieillard, sur celui par exemple qu'a peint M. Court, nous y trouvons les mêmes caractères, modifiés peut-être par une légère nuance de raillerie douce et un peu sceptique, fruit amer des déceptions de la vie, mais c'est bien toujours la tête pensive du travailleur, du chercheur, de l'homme sérieux. Nulle préoccupation chez lui de briller, de faire de l'effet, il ne pose pas, il se présente au public calme, simple, tel que l'ont fait la nature, la société, les années, et le mérite du peintre est précisément d'avoir rendu avec vérité et naturel, sans affectation, sans recherche, sans prétention, le caractère de son modèle. Bien que cette peinture soit fort travaillée, nulle part on n'y voit le travail ; elle est dénuée de tout artifice, elle est *honnête* et *simple*, comme le personnage qu'elle représente.

Dans les portraits de femmes, de jeunes femmes surtout, où l'austérité serait hors de propos, elle est remplacée par la simplicité de l'expression et de l'ajustement. A l'exception du buste gracieux de Mme la princesse de Solms, nous n'avons remarqué dans notre salon, grave comme notre laborieuse cité, aucune de ces représentations de *high life*, aucune de ces exhibitions d'épaules, de bijoux et de dentelles qui font le triomphe de MM. Winterhalter, Dubufe et de certains peintres anglais. Ici les roses éblouissantes font place aux *violettes de province*. Un modèle dans ce genre est la charmante figure exposée par M. Soumy sous le n° 671. Le coloris laisse sans doute beaucoup à désirer, mais quelle élégance dans le dessin, quelle perfection dans le modelé ! Tout se tient dans cette peintnre, tout est parfaitement d'ensemble et contribue à l'effet général, c'est-à-dire à offrir l'image d'une figure dont le charme consiste non dans l'éclat de la toilette ou de la beauté , mais dans la grâce, l'expression le sentiment répandus par le peintre dans toutes les parties de son œuvre. Le n° 672, du même auteur, nous offre une tête moins séduisante peut-être que la précédente, mais plus remarquable encore comme exécution et comme caractère. Enfin nous trouvons dans la salle des dessins deux têtes d'étude qui nous prouvent que M. Soumy manie le crayon avec non moins d'adresse que le pinceau. Tout en appréciant au plus haut point, comme on le voit, le talent remarquable de ce jeune peintre, nous lui conseillerons cependant de soigner un peu plus son coloris et d'éviter dans son dessin certaines boursouflures qui donnent, nous le savons , du moelleux au modelé, mais qui, en même temps, risquent de produire dans les figures un aspect fluxionnaire et maladif.

Avec moins d'habileté de main, moins d'entente des procédés matériels de l'art, Mlle Koch arrive cependant à faire des portraits que l'on peut sans injustice rapprocher de ceux des peintres que nous venons de nommer. Comme eux, cette jeune artiste professe l'horreur de la prétention, de l'afféterie, des vains ornements ; comme eux, elle cherche avant tout le naturel, la simplicité. Le n° 384, re-

présentant, dit le livret, le portrait de l'auteur, est
d'un ton général un peu froid peut-être, mais parfaitement harmonieux. L'expression de la figure, la
position du corps, l'ajustement sont dans un rapport
parfait et rendent avec justesse le sentiment général de modeste simplicité que nous croyons être le
caractère dominant et distinctif de la jeune femme
de notre époque. Les mains sont bien dessinées et
d'un galbe exquis. Nous ne blâmerons dans ce tableau que le rayonnement un peu terne du regard,
défaut qui résulte sans doute de la préoccupation
constante de l'artiste d'arriver avant tout et par dessus tout à l'harmonie. Dans un autre portrait qui
représente une femme âgée, Mlle Koch nous semble
être parvenue à donner à sa peinture des tons plus
colorés, sans renoncer pour cela à aucune des estimables qualités qui distinguent son genre de talent.

M. Paul St-Jean fait preuve d'une grande habileté :
sa facture est hardie, sa touche large, son modelé
excellent, sa lumière limpide et claire ; son portrait
de femme est une gracieuse interprétation de la
nature féminine ; la foule l'admirera sans restriction,
mais il plaira peut-être moins aux raffinés que les
peintures de M. Soumy et de Mlle Koch.

Le portrait de Halévy, par M. Nanteuil, vise
plus que les précédents à l'effet et au style : cela
se comprend, puisqu'il s'agit de représenter un illustre compositeur, un membre de l'institut. La
tête belle, bien dessinée, d'une attitude digne
sans rien d'outré, se détache en pleine lumière

sur un fond presque entièrement noir. De là
une opposition violente et une certaine dureté
dans l'aspect général. La partie éclairée étant peu
considérable relativement à l'étendue générale de la
toile, on dirait un peu trop un effet de chambre obs-
cure, ou un tableau ancien dont toutes les demi-
teintes ont perdu leur transparence. Malgré ces cri-
tiques, souhaitons de voir souvent nos expositions
ornées de portraits aussi remarquables que celui-ci.

Le portrait de M. Puvis de Chavanne, par M. Ricard, est doublement intéressant, puisqu'il nous
offre l'image d'un de nos premiers peintres de
genre, reproduite par le premier de nos portrai-
tistes. Voilà de la couleur, de la lumière, ou elles
n'existent nulle part ! La tête a une puissance de
relief extraordinaire ; elle semble sortir du cadre, elle
va vivre, elle va parler ! Quant à la manière dont cela
est fait, à l'habileté de la touche, à l'adresse de la
main, à l'art de triturer la pâte colorante et d'en
faire tour à tour de la chair, des étoffes, des cheveux, de la barbe, ce sont là des secrets que M. Ricard ne peut tenir que de Van Dyck ou de Rembrandt,
ses illustres maîtres.

La peinture de M. Dupoizat a quelques-unes des
qualités de celles de M. Ricard : le portrait exposé
par cet artiste est largement peint, d'une belle couleur, d'une lumière franche, d'une grande harmonie.
Certaines parties sont traitées de main de maître,
et si tout n'est pas également fait on reconnaît du
moins dans cette toile, comme dans toutes celles

de M. Dupoizat, la profonde originalité de l'artiste, la conviction sincère, le culte des maîtres, l'amour de la grande peinture.

Les portraits au crayon exposés par M. Braquemond sont bien dessinés et d'un réalisme qui, sans rien embellir, n'a du moins rien de repoussant. Mme Doucet nous offre dans des bustes et des médaillons habilement exécutés l'image de quelques unes des illustrations de divers genres de notre cité; le R. P. Charles, MM. Bouillier, de Laprade, etc. Une foule d'autres portraits, de MM. Scohy, Wlooberg, Dolard, Chaine, Borel, Rouget, Loubet, Larue, ornent plus ou moins les murailles de notre exposition : quelques-uns sont estimables, nous en félicitons leurs heureux possesseurs, mais nous ne pouvons prolonger cet examen déjà trop long. Seulement si le spectateur, fatigué de l'aspect un peu monotone des images.de nos honorables concitoyens des deux sexes, désire contempler des types moins prosaïques et plus variés, nous l'engageons à jeter les yeux sur les *Têtes d'études*, exposées par plusieurs peintres et nous lui signalerons les suivants comme particulièrement dignes d'attention : *Poscucia*, femme napolitaine, par M. Bertrand, étude dans laquelle la perfection de l'exécution est digne de la beauté du modèle. Heureuses les races qui produisent de pareils types ! Heureux les artistes qui sont capables de les reproduire ! *Etude au pastel*, dans laquelle M. Tyr a su ne pas sacrifier la grâce au style, et où se révèlent les grandes qualités de cet artiste exceptionnel ; *Intemerata*, par M. Guichard , tête de jeune fille un peu mièvrement peinte, mais qui ne manque pas d'un certain charme sentimental ; *Une Zingarella*, par M. J. Faure, jeune visage brûlé par le soleil, et attristé par la misère ; le dessin est bon, la couleur en rapport avec le sujet : cette manière de comprendre le pastel n'a rien de banal ni de commun.

Méditation, bonne et sérieuse toile, qui rappelle l'antique, sans en être une simple copie : auteur M. Legras ; le *portrait de Didier Erasme, d'après Holbein*, par M. Braquemond, déjà nommé ; enfin les deux dessins exécutés par D. Danguin, d'après Raphaël et Carucci, avec une finesse d'exécution, qu'il nous semble impossible de surpasser. Le portrait de S. M. l'impératrice gravé par le même, d'après M. Pommerac, nous semble moins heureux et nous fournit un exemple frappant de la manière dont l'art peut gâter les œuvres les plus gracieuses de la nature en exagérant leurs formes, en en altérant les harmonieuses proportions.

IV

HISTOIRE. — GENRE.

MM. Gérôme, Barrias, Hunten, Lenepveu, Protais, Bellangé, Leman, Accard, Loudet. — MM. Millet, Bellet-Dupoisat, Brion, Breton, Adolphe Leleux, Bail, Salmon.

Nous ne trouvons dans le salon de cette année aucun tableau qui, par ses dimensions et son sujet, puisse prétendre à représenter le *genre historique* proprement dit. Celui qui réunirait le mieux les conditions voulues, la *Mort de César*, de M. Gérôme, n'est que le fragment d'une peinture plus complète, quoique de dimensions bien plus réduites, que nous avons admirée il y a quelques années chez M. Goupil, et dont chacun a pu voir la photographie chez nos principaux marchands de gravures. Cette dernière composition justifie vraiment son titre ; elle représente la salle du sénat au moment où le dictateur vient de tomber sous le poignard de Brutus ; au premier plan, aux pieds de sa propre statue, est étendue l'illustre victime, tandis que dans le fond les pères conscrits, diversement impressionnés, désertent en tumulte la salle de leurs séances pour aller annoncer au peuple romain la grande nouvelle. Le tableau que nous avons aujourd'hui sous les yeux ne reproduit, comme nous l'avons dit, qu'un des éléments de cette scène : le *Cadavre de César*. Enveloppé presque complétement de draperies blanches et ensanglantées, plus semblable à un informe paquet de linge qu'à l'illustre dépouille du *plus grand des Romains*, misérablement abandonné dans une salle déserte, à côté d'un fauteuil renversé, ce cadavre offre, dans toute son horrible et sombre réalité, l'image du néant de la grandeur humaine. Il est à regretter qu'une tonalité trop grise et trop sombre, répandue peut-être à dessein par l'artiste, ainsi qu'un crêpe sur l'ensemble de cette scène funèbre, l'obscurcisse au point d'en rendre l'intelligence difficile et d'empêcher la généralité du public d'apprécier comme il le devrait le talent de dessinateur de M. Gérôme, ainsi que le fini d'exécution qu'il a prodigué jusque dans les moindres détails de cette œuvre remarquable.

Le tableau de M. Barrias, *Conjuration chez des courtisanes*, peut aussi à la rigueur être considéré comme une page d'histoire. Le peintre nous représente de jeunes et beaux seigneurs vénitiens conspirant joyeusement au milieu d'une orgie nocturne, tandis que la courtisane Maria Stella vend le secret de la conjuration au terrible conseil des Dix, dont les membres, vêtus de rouge et masqués, apparaissent derrière un rideau. Il y a dans ce dernier détail quelque chose de théâtral et de mélodramatique qui n'est pas heureux. A part cela, cette toile est bien réussie, la couleur en est chaude, les types des jeunes hommes et des jeunes femmes sont d'un beau galbe ; les accessoires, les armes, les tentures, les vêtements sont riches et élégants. On voit que M. Barrias, en empruntant un sujet à l'histoire de Venise, s'est souvenu des maîtres vénitiens.

M. Hunten nous montre *Frédéric le Grand devant la forteresse de Schweidnitz*. Le roi et son escorte galopent dans la tranchée; les personnages ne sont pas mal dessinés, mais les chevaux, celui du major surtout, manquent de relief et ne se détachent pas suffisamment des terrains, qui eux-mêmes sont mous, flasques, délavés. Les ombres seules de ces coursiers que Scarron nous représente étrillés par l'ombre d'un cocher, avec l'ombre d'une brosse, pourraient ne pas enfoncer dans une pareille bouillie.

M. Lenepveu a peint *lord Russell condamné à mort et visité par sa famille*. L'expression des physionomies est touchante et vraie ; la douleur se lit sur toutes ces figures qui ne manquent ni de beauté, ni de noblesse, et le public, constatons-le avec plaisir, s'arrête volontiers devant cette scène pathétique retracée par un peintre de talent. Pourquoi faut-il que cette impression soit gâtée pour les difficiles par la manière vicieuse dont sont groupés les personnages principaux, par les tons criards des étoffes, enfin par le manque de solidité, de modelé de cette peinture par trop diaphane.

Le camp du Moulin devant Sébastopol, de M. Protais, nous représente un tranquille épisode de la guerre de Crimée. Nos zouaves se délassent des

terribles travaux de la guerre en faisant une partie
de boule avec leurs alliés les grenadiers écossais.
Cette composition, un peu vide peut-être, seul défaut que l'on puisse lui reprocher, offre en revanche
un bon échantillon de l'excellent faire de son auteur. Une belle lumière l'éclaire, l'air circule partout, les terrains sont d'un ton juste et d'une solidité parfaite. Les troupiers, bien dessinés, bien po-
sés, nettement caractérisés, sans la moindre charge,
selon leur nationalité, présentent 'des physionomies
franches, naturelles, et d'une crânerie qui n'a rien
d'exagéré.

Nous pouvons adresser une partie des mêmes
éloges, ceux surtout qui se rapportent à la facilité,
à la légèreté de la touche, au naturel de la pose et
de l'expression, au tableau de M. Bellangé père,
*Une arrière-garde protégeant un convoi dans les
montagnes*. Nous retrouvons ici toutes les qualités
bien connues de cet artiste éminemment populaire
qui occupe, comme on l'a remarqué, une place in-
termédiaire entre Horace Vernet et Charlet, entre
le peintre et le dessinateur *ordinaires* de l'armée
française.

M. Leman nous reporte au temps de Louis XIII,
et nous fait assister à une lecture faite par le grand
Corneille dans le brillant salon de l'hôtel de Rambouillet. Parmi la foule d'illustres personnages des
deux sexes qui écoutent avec recueillement et admiration l'éloquent lecteur, nous pouvons distinguer
le marquis de Rambouillet, le duc d'Epernon, Cha-

pelin, Voiture, Scudéry ; Mmes de Longueville, de La Fayette, de Sévigné, Deshoulières, tous les beaux esprits, toutes les *précieuses* (ce terme était alors pris en bonne part) qui assistaient à ces fameuses matinées et dont la réunion illustrait ce *palais d'honneur*, ainsi que Bayle appelait l'hôtel de Rambouillet. Rien de plus intéressant pour un ami des lettres que ce tableau exécuté par M. Leman dans des dimensions fort restreintes, mais avec une adresse remarquable, avec une rigoureuse et savante exactitude qui fait de ses petits personnages autant de portraits et de son salon un musée archéologique de l'époque qu'il a voulu peindre.

C'est également sous le règne de Louis XIII, que M. Accard nous montre le *Maréchal de Bassompierre félicitant le poète Racan, après sa présentation au roi*. La couleur de ce tableau est jolie et le groupe principal est bien posé ; il n'en est pas de même des autres personnages ; comment se fait-il par exemple, que nous en voyions un se permettre de rester assis en présence même du maréchal ? Et puis n'est-ce pas un anachronisme que de placer une dame au bras de Bassompierre ? A cette époque, croyons-nous, on offrait la main aux dames et non le bras comme nous faisons aujourd'hui.

Coriolan vaincu par les larmes de sa mère, de M. Loudet, est la seule scène d'histoire ancienne que nous ayons remarquée. L'auteur, élève de l'école de Lyon et premier-second grand-prix de l'école des Beaux-Arts de Paris, mérite des encouragements.

C'est sans doute à ce titre que la société des Amis-des-Arts lui a acheté son tableau, où se trouvent d'ailleurs, à côté de défauts saillants, de bonnes qualités et une tendance au style qui se manifeste heureusement dans l'attitude de certains personnages.

Telles sont les seules toiles de notre salon qui rappellent, plutôt qu'elles ne représentent, la peinture historique. Passons maintenant aux tableaux de genre ; ils sont nombreux, comme d'ordinaire ; nous ne signalerons que les plus remarquables.

Arrêtons-nous d'abord devant une *Paysanne donnant la provende aux poules*, par M. Millet, artiste, que l'on a qualifié, non sans raison, du titre d'*austère*. Au premier aspect, cette peinture semble enveloppée. d'un brouillard grisâtre, et rien ne s'y distingue bien nettement ; mais à mesure que l'œil s'y arrête davantage, elle s'éclaire, elle s'approfondit, chaque objet se détache et se met à sa place, la perspective naît sous le regard, les divers plans se dessinent avec netteté, les personnages prennent du relief, et l'on est tout surpris de voir l'action, la vie et même une vie forte et énergique se développer dans ce cadre qui ne semblait d'abord hanté que par des ombres. Tel est le caractère propre des œuvres de M. Millet : elles déplaisent au premier coup d'œil, mais elles gagnent à un examen plus attentif ; elles paraissent d'autant meilleures qu'on les contemple, qu'on les étudie, qu'on les scrute davantage. C'est là certainement chez ce peintre une preuve irrécusable de force, et sans approuver sans restriction sa manière, nous ne pouvons nous empêcher de remarquer et de signaler ce qu'elle a à la fois de simple, d'énergique et de contenu. Tout se tient admirablement dans ses toiles : jamais un ton criard, jamais un détail dont l'importance ne soit pas parfaitement en rapport avec l'ensemble ; la force chez lui est toujours subordonnée à l'harmonie.

M. Bellet Dupoisat est l'antithèse vivante de M. Millet : l'un possède précisément les défauts et les qualités qui manquent à l'autre ; mais tous deux, du reste, se ressemblent en ceci qu'ils professent la même indépendance, le même mépris du succès acheté par de petits moyens, et qu'ils jouissent au même degré de la défaveur populaire. Dans le *Combat des Centaures et des Lapithes*, l'énergie déborde et l'harmonie fait défaut ; la composition est décousue et vide d'intérêt ; les groupes éparpillés ne se relient ni entre eux, ni au milieu dans lequel ils se meuvent ; mais cette large part faite à la critique, admirons sans réserve la belle lumière qui inonde cette toile, la grandeur de ces horizons, vastes comme la pensée, l'originalité de ce paysage aride et dévasté, l'audace qui a présidé à la conception de cette nature primitive, titanesque, telle qu'elle a dû apparaître aux hommes des premiers âges. Ces blocs de rochers sillonnés de larges crevasses témoignent des cataclysmes encore récents de la formation géologique ; ces nuages bleuâtres, épais, chargés de vapeurs et d'électricité sont ceux qui supportaient l'Olympe homérique et parmi lesquels les guerriers ossianiques se livraient des combats de géants ; cette mer d'un bleu d'indigo est celle qu'habitait le vieux Glaucus et d'où naîtra, quelques siècles plus tard Astarté, fille de l'onde amère. On reproche à M. Dupoisat de manquer de vérité ; rien de plus naturel cependant, selon moi, qu'un paysage tout imaginaire servant de cadre à un sujet mythologique. Ces hommes-chevaux, ces types informes et monstrueux qui luttent, s'entre-déchirent avec une fureur, des gestes, des hurlements de carnassiers, ne pouvaient trouver un champ de bataille mieux approprié à leur nature que celui où les a placés le premier coloriste de l'école lyonnaise.

Puisque M. Millet nous a amené à parler du *réalisme* et M. Dupoisat de la *couleur*, plaçons ici M. Brion, le plus coloriste de nos réalistes, ou le plus réaliste de nos coloristes, comme on voudra. Les *Batteurs de blé* nous offrent un excellent spécimen de son genre de talent ; les paysans sont bien vrais, bien réels ; leur rusticité est tout à fait de bon aloi : quant à sa peinture, elle rappelle celle des peintres flamands, c'est dire que le ton en est chaud et coloré.

Ici se trouverait naturellement à sa place M. Breton, dont nous sommes habitués à admirer la facture large et ferme, le réalisme franc, sans fausse élégance comme sans trivialité affectée; malheureusement, au lieu d'un de ces sujets rustiques dans lesquels il excelle, cet artiste nous a envoyé cette année, sous le nom de *Baigneuse*, une grande académie qui n'est sans doute pas dénuée d'un certain mérite relatif, mais où nous ne retrouvons nullement les qualités distinctives, l'originalité propre de M. Breton.

M. Armand Leleux appartient aussi à l'école rustique : la *Jeune convalescente* nous offre le spectacle d'une honnête famille villageoise toute réjouie par le retour à la santé d'une fille bien-aimée. Le docteur, un ami de la famille, tâte le pouls à la malade, tandis qu'une jeune sœur interrompt la lecture commencée pour écouter les arrêts pleins d'espérance du docte disciple d'Esculape ; la mère, les regards humides de joie, apprête en souriant une potion qui, sans doute, sera la dernière, et les marmots trop bruyants suivent en traînant un omnibus de carton, la servante qui les conduit hors la chambre. Tous ces détails d'intérieur, toutes ces nuances de sentiment sont finement et délicatement indiqués, les personnages sont bien dessinés et baignés de cette chaude lumière particulière à la palette de M. Leleux. Quoique certaines parties du tableau soient encore un peu sombres, louons cependant l'artiste d'avoir fait cette fois-ci un meilleur usage du clair-obscur et de n'avoir pas, comme on le lui a trop souvent reproché, concentré la clarté sur un point unique de sa toile, en en laissant toutes les autres parties plongées dans une obscurité impénétrable.

M. Bail continue à marcher en hésitant encore,

en trébuchant quelquefois dans une voie qui se rapproche, avec plus d'amplitude, de largeur, mais aussi avec moins de rectitude, de correction, de celle suivie par M. Leleux. Les intérieurs champêtres, les ménages rustiques, la lessive, la vendange et surtout le rayon éclatant de soleil qui se glisse dans la chaumière, à travers une porte entrebâillée, une fenêtre vermoulue, tel est le sujet de prédilection de ce jeune peintre, chez lequel on peut signaler chaque année des progrès marqués, et qui a presque atteint cette fois-ci l'idéal du genre dans son petit tableau de la *Lessive*. Nous louerons particulièrement dans cette toile la transparence des clairs-obscurs et l'harmonieuse distribution des lumières dont les valeurs relatives sont parfaitement comprises et graduées.

Que dire de M. Salmon? Qu'il peint bien; chacun le sait. Mais sa manière, qui a pu sembler originale lors de ses débuts, finit par paraître singulièrement monotone en ressassant toujours les mêmes procédés et les mêmes sujets. Il n'est pas difficile de refaire chaque année le même tableau : des dindons et des poules, des poules et des dindons, mais il est plus malaisé de le faire accepter du public. Ah! de grâce, M. Salmon, donnez-nous autre chose, si vous voulez qu'on s'arrête devant vos toiles.

V

GENRE — (*suite*).

MM. Glaize, Volon, Valantin, Heuvel, Horgnies, Morin, Fortin, Fichel, Comte-Calix, Charles Comte, de Gronckel, Hillemacher, Monfallet, Bertrand, Blanc-Fontaine, Trayer, Cellier, Schlesinger, Van Schaendel.

L'un des meilleurs tableaux de notre exposition et le plus spirituel sans contredit est le *Diner de Sancho Pança*, par M. Glaize. Dans une vaste et splendide salle, le gouverneur des îles de Barataria trône devant une table sur laquelle sont tour à tour déposés par de jeunes pages les mets les plus savoureux ; mais à peine leur aspect réjouissant a-t-il frappé les regards du famélique Sancho, à peine leur fumet appétissant est-il parvenu jusqu'à son odorat, qu'un médecin en robe noire, en perruque et en chapeau pointu, ordonne, en les touchant de sa baguette, de les faire disparaître. L'indignation, la fureur du pauvre gouverneur, se peignent sur ses traits de la façon la plus expressive, la plus comique : on dirait Vitellius condamné à la diète ; il est cramoisi, il est apoplectique tant la rage l'étouffe ; son œil lance des éclairs et c'est sans doute à ce moment que va déborder de ses lèvres cette apostrophe indignée qu'il adresse à l'infernal docteur : « Sortez de ma présence, sinon je jure Dieu que je vous fais pendre, vous et tous les médecins que je trouverai dans mon île ! Sortez, peste des humains, ou je vous étrille si bien que jamais lapin ou perdreau ne risquera de vous faire du mal. » Tout dans cette scène est expressif et amusant ; la gravité jouée, l'importance comique du docteur, sont spirituellement exprimées ; les jeunes pages uniformément vêtus de jaune, montrent un sérieux imperturbable et jouent leur rôle aussi bien qu'ont jamais pu le faire les mieux stylés des matassins de Molière.

Cette composition, d'une bonne couleur, d'un dessin irréprochable, peinte largement, mais sans offrir rien de négligé, rien de lâché, prouve une remarquable flexibilité de talent chez M. Glaize, qui était jusqu'ici surtout connu du public par de grandes et sérieuses compositions, telles que le *Pilori* exposé en 1855, ou par de gracieuses et fantastiques rêveries qui rappelaient les toiles vaporeuses de M. Gendron.

Puisque nous en sommes à la peinture comique, mentionnons ici les singeries de M. Vallon, dont le titre : *Souvenirs de Londres*, est un mauvais compliment gratuitement adressé à nos alliés d'outre-Manche ; ceux-ci pourraient bien répondre au peintre qu'il n'avait nullement besoin de passer le détroit pour trouver des modèles. Les singes tant *bipèdes* que *quadrupèdes*, abondent en effet dans tous les pays civilisés, seulement les premiers sont détestables et ridicules, parce que leur nature est de

créer et qu'en imitant ils se dégradent ; les se-
conds, au contraire, dont l'imitation est le caractère
propre, sont gracieux, charmants et pleins de naturel en faisant leur métier d'imitateurs. Voyez le *Mu-
sicien* de M. Vallon, bien qu'il se trompe d'instru-
ment et que celui dont il se sert ne soit nullement
fait pour la *bouche*, nul ne songera à le traiter de
gauche et d'imbécile. Il est un vrai singe, et il fait
naturellement, sérieusement et gracieusement son
métier de singe. Son collègue, au contraire, le gre-
nadier écossais, qui fume un cigare et lit le jour-
nal, trahit par ces deux actes sa nature hybride, son
caractère de singe bipède, de singe humain, et dès
lors il n'amuse plus, il fait pitié ; son importance,
sa morgue, sa suffisance nous le rendent aussi
odieux que son confrère nous trouve souriants et
sympathiques.

Nous trouvons ailleurs, dans un tableau de M.
Valantin, un autre singe qui est parfaitement dans
son rôle. L'acte qu'il accomplit si consciencieuse-
ment en tirant de toutes ses forces un tapis chargé
de fragiles chinoiseries, est bien réellement, quoi
qu'en puisse penser le possesseur des porcelaines,
une *gentillesse de singe*. Malheureusement, si le rôle
est vrai, l'acteur ne l'est pas, et M. Valantin, qui a
si bien peint certaines parties de son tableau, en
a par trop négligé le personnage principal.

Si le laisser aller, la négligence, le manque de
faire, se font trop souvent remarquer dans les toiles
spirituelles que nous venons de signaler, nous au-

rons presque à blâmer le défaut contraire dans les tableaux de **MM.** Heuvel et Horgnies, de Bruxelles, qui nous ont envoyé, le premier. *Une école*, le second, la *Leçon de plain-chant*. Tout ici est fait, soigné, poli, frotté jusqu'à la dureté. De plus l'intention comique frise par trop la caricature, surtout dans le second de ces tableaux auxquels nous sommes loin de contester d'ailleurs un certain mérite d'exécution matérielle, fort apprécié de la foule, mais peu sympathique aux vrais artistes.

En fait de sujets comiques ou soi-disant tels, mentionnons, pour mémoire, *une Explication de commères* par M. Morin, mais engageons l'artiste à modifier son coloris rosacé et à puiser ses inspirations autre part que dans les souvenirs de Mme Gibou et de Mme Pochet.

En fait de peinture frottée, cirée, passée au blaireau, nous citerons *le Retour du marin* de M. Frotin. Il y a là beaucoup de talent dépensé en mièvreries et en petites recherches. De plus l'homme grimace, et si la tête de la femme est touchante et vraie, son corps est beaucoup trop long : qu'elle se tienne debout et elle se heurtera la tête aux solives du plafond.

M. Fichel, nous devons en convenir, malgré le charme qu'exerce sur nous et sur tout le monde, sa jolie composition *les Chanteurs ambulants*, frise quelque peu dans sa peinture les apparences de la cire ou de l'ivoire ; ses contours sont secs et durs, il est loin de posséder encore le pinceau fort, large et moelleux de son maître Meissonier. Mais sa couleur est si agréable, ses tons sont si fins, ses poses parfois si vraies, ses petits bonshommes si correctement et si élégamment dessinés pour la plupart, ses ajustements si exacts, que nous ne nous étonnons nullement de voir les amateurs se disputer ses tableaux.

M. Comte-Calix a une touche assez large et la grâce naît sous son pinceau, mais c'est une grâce maniérée et affectée. Cet artiste abuse de sa facilité et ne se donne souvent même pas la peine de regarder la nature : les jeunes femmes du *Chant du rossignol* sont des figures de convention, et si exactement pareilles qu'on les prendrait pour des sœurs jumelles, ou plutôt pour la reproduction d'une même gravure de modes. Nous avons prouvé en parlant d'une autre composition de cet artiste que nous savions apprécier son talent lorsqu'il reste dans le vrai, nous pouvons donc le blâmer sans réserve lorsqu'il nous semble être dans le faux.

Des toiles moins agréables que celles de M. Comte-Calix, mais peintes avec autrement de conscience et de savoir, sont celles de M. Charles Comte. Il est vrai que notre public est tellement habitué à attendre beaucoup de M. Comte que la déception a été presque générale en voyant son exposition de cette année. Ce sentiment selon nous est injuste : on ne peut pas exiger toujours des chefs-d'œuvre, même des maîtres, et il y a assez de qualités dans ces petites toiles d'un sentiment exquis, d'un dessin agréable, d'une touche ferme, d'une perfection inimitable de fini, pour qu'elles semblent dignes à tout appréciateur sérieux de porter la signature de l'habile peintre d'*Henri III et du duc de Guise*, de la *Mort de Coligny*, de *Richelieu jouant avec ses chats*, etc. etc. Peut-être M. Comte s'est-il trompé de date dans le choix de ses sujets : ces châtelaines rêveuses dont les doigts effilés caressent les cordes d'une cythare, dont l'œil s'égare à la suite des amoureuses tourterelles dans les libres espaces du ciel azuré, auraient obtenu un succès d'enthousiasme il y a vingt ans, lorsque la passion du moyen âge tournait toutes les têtes, lorsque l'exaltation, le sentiment, la rêverie étaient à la mode; autres temps, autres mœurs ! Aujourd'hui nous ne sommes plus *romantiques*, nous sommes positivistes et réalistes; aux blanches rêveuses du quinzième siècle, nous préférons les brunes Maritornes et les solides gardeuses de dindons !

M. de Gronckel, dans son *Papillon*, s'est mis à la mode du jour. Le volage insecte n'est pas poursuivi par une folâtre et légère jeune fille, mais par une lourde paysanne qui cherche, bien en vain, croyons-nous, à l'attraper avec son tablier de bure. La touche grasse et matérielle du peintre belge, déplacée en un pareil sujet, arrive au contraire à de fort heureux effets dans d'autres genres ; ainsi son *Portrait d'enfant* qui vient de nous apparaître pour la première fois, depuis le remaniement du salon, nous semble tout à fait digne d'être placé à côté des meilleurs que nous ayons mentionnés.

M. Hillemacher, lui non plus, ne sacrifie guère sur l'autel du sentiment. Réunir dans un appartement Louis XIII ou autre, des meubles habilement sculptés, de riches tentures, des tapis aux couleurs éclatantes, des étoffes luxueuses, faire scintiller la soie, le velours, les dentelles ; à côté de cela, grouper plus ou moins habilement un certain nombre de personnages assez brillamment vêtus pour que leur rôle ne soit pas trop inférieur à celui des éclatants accessoires qui les entourent en risquant de les éclipser, tel est le but de sa peinture, but qu'il atteint parfaitement. On a dit plaisamment que dans les tableaux de Decamps l'homme était humilié devant la pierre, dans ceux de M. Hillemacher, il est humilié devant l'étoffe.

M. Monfallet est comme M. Fichel un peintre des infiniment petits ; son pinceau est plus moelleux, mais moins précis, ferme et correct que celui de ce dernier peintre. Le *Jeu de tonneau* est d'une couleur agréable, les détails de cette fête champêtre du XVIIIe siècle sont gracieux et amusants.

M. Maillot, un grand prix de Rome, nous montre l'*Atelier d'un tailleur* au dix-huitième siècle ; il y a certainement du savoir et de l'habileté dans cette composition, seulement il est malheureux que la poudre des perruques des divers personnages semble s'être répandue sur la toile, de manière à en noyer toutes les nuances sous une teinte farineuse des plus désagréables.

M. Bertrand, dont nous avons loué ailleurs une belle étude, n'a pas aussi bien réussi dans *Diogène chez Laïs* ; ses personnages jouent par trop la comédie, et la position d'Aristide, accroupi en sphinx, offre des difficultés d'interprétation que je ne me chargerai pas de résoudre.

M. Blanc Fontaine réunit dans sa peinture les qualités et les défauts de M. Octave Feuillet, dont il serait digne d'illustrer les *Scènes et Proverbes*. Ses compositions sont honnêtes, gracieuses, agréables à l'œil, mais un peu flasques, molles et vides.

M. Trayer a exposé une *Brodeuse* précieusement exécutée et bien éclairée ; M. Cellier une *Brodeuse* aussi dont le peloton tombé sur le parquet sert de jouet à un jeune chat ; cette composition ne manque ni de finesse, ni de grâce.

M. Schlesinger nous montre une *Jeune fille jouant avec des chiens*, peinture un peu prétentieuse et maniérée, mais qui atteste cependant une certaine habileté de facture.

M. Van Schaendel nous offre dans trois toiles trois éditions différentes du tableau qu'il refait chaque année, toujours avec un nouveau succès : *Effet de lune, Effet de lumière*. Le public ne manque jamais de venir papillonner autour de ces lumineux trompe-l'œil, et les amateurs de s'y brûler à l'envi les ailes.

VI

GENRE. — (*Suite et fin*).

MM. P. Flandrin, Duwée. — Mme Armand Leleux. — MM. Dansaert, Guérard, J. Salles, Duval le Camus, Le Poitevin, Célestin Blanc, Rahoult, Pasini, X. Sicard, Rouget, Gros-Claude.

La peinture de genre ne nous aurait pas arrêté plus longtemps, si un nouveau coup d'œil jeté sur nos notes et sur le salon ne nous avait convaincu que, dans la rapidité de la rédaction, nous avions laissé de côté un certain nombre d'œuvres fort dignes cependant de l'attention du public et parmi lesquelles nous mentionnerons en première ligne le portrait de S. A. le prince Napoléon par P. Flandrin, dessin au simple trait enlevé avec une franchise, une netteté, une hardiesse et une vérité d'expression des plus remarquables.

Rien de plus injuste également que d'omettre le *Bravo* de M. Duwée. Blotti derrière un pan de muraille, drapé dans un manteau en guenilles, la tête couverte du feutre classique et la rapière au poing, cet honnête industriel se penche en avant pour épier avec des regards de sacripant la victime qui ne tardera pas à tomber dans son embuscade. La pose est naturelle, le dessin excellent, on ne peut blâmer que la grandeur démesurée de la main placée sur la poitrine. La couleur générale est chaude, la touche large, souple, moelleuse ; les chairs, les vêtements, les murailles, toutes les diverses parties de ce tableau sont d'un rendu fort remarquable. M. Duwée nous semble un des conservateurs les plus judicieux des bonnes traditions de l'école flamande.

Madame Armand Leleux marche avec une grâce et une délicatesse toutes féminines sur les traces de son maître et époux, auquel dans un précédent compte rendu nous avons par inadvertance donné le prénom d'Adolphe, erreur qui nous a valu de la part de M. Armand Leleux une demande de rectification à laquelle nous sommes heureux de faire droit aujourd'hui. La *Visite du médecin*, le *Petit lever*, la *Jeune fille au piano*, sont trois scènes de la bonne société ancienne et nouvelle, trois de ces impressions fugitives que laisse le spectacle du monde élégant, et que le pinceau délicat d'une femme artiste peut mieux que tout autre fixer sur la toile. Souhaitons à Mme Leleux d'arriver sans rien perdre de son charme, un peu trop vaporeux, à préciser, à finir un peu plus ses jolies compositions qui alors laisseront la critique tout à fait désarmée.

M. Dansaert met sous nos yeux certains aspects de la vie masculine, des plaisirs du célibataire ou du mari-garçon dans cette société dont M. Leleux excelle à représenter les élégances mondaines et les joies de famille. L'*Heureux marquis*, la *Gazette*, *Au cabaret*, trois épisodes d'un même genre d'existence. Ces petites compositions ne manquent pas de charme, mais ici encore le fini d'exécution, cette vertu cardinale de la petite peinture, laisse trop sentir son absence.

Sous ce rapport, la *Servante indiscrète* de M. Guérard nous semble une œuvre plus satisfaisante. Cette grosse fille, au type commun, au front bas, qui fouille, avec la curiosité de la luxure, les cartons renfermant les académies de son maître, nous transporte bien loin des élégances des peintres précédents, mais en revanche ici rien n'est négligé, escamoté, et la claire lumière qui se répand sur toutes les parties de cette composition, nous en fait voir tous les détails exécutés avec une égale franchise.

M. Jules Salles, à une touche fine et spirituelle, joint également une exécution très-achevée. Sa petite *Fornarina*, charmante étude d'une jeune romaine, est un modèle dans ce genre. Les mains cependant nous semblent un peu grandes, mais peut-être la nature les donnait-elle ainsi comme un témoignage vivant de la race peu aristocratique du modèle. Le *Mitron*, demi-nu, placé dans la demi-teinte, n'est pas heureux et ne sert qu'à gâter cette jolie toile.

M. Duval le Camus est connu depuis longtemps comme un de nos bons peintres de genre, mais ses productions sont fort inégales ; tandis que dans les unes, telles que l'*Attente*, *Qui dort dîne*, le faire est assez serré, certaines autres, la *Pêche au lançon*, par exemple, méritent à peine le nom d'études.

Somme toute, malgré des qualités incontestables, cette manière a vieilli, le coloris en est terne et froid et les compositions semblent des ponsifs.

Les marins de M. Le Poitevin sont plus naturels, plus vrais, néanmoins c'est encore là de l'à peu près. Cet artiste, dont la couleur est agréable, la touche adroite, abuse trop de sa facilité et se contente de la convention, sans viser à la nature.

M. Célestin Blanc, dans le *Premier bain*, imite MM. Hamon, Picou, l'école des *délicats* ; encore quelques efforts et il pourra marcher presque de pair avec eux dans cette voie, qui n'est pas la meilleure, nous l'en avertissons.

M. Rahoult, de Grenoble, fait, comme son concitoyen M. Blanc-Fontaine, de la peinture honnête, estimable et agréable ; son *Inondation* ferait une jolie et touchante lithographie coloriée, mais qu'est-ce que l'art véritable a à voir là-dedans ?

A ces mièvreries, nous préférons encore les esquisses par trop lâchées, mais du moins largement peintes, de M. Pasini : le *Courrier du désert, Cavalcade persane.* On y sent l'élève de Cicéri, l'art un peu artificiel du décorateur; les effets sont vigoureux et d'un grand parti pris, c'est de la grande peinture dans des cadres infiniment petits.

M. N. Sicard, jeune dessinateur de notre ville, a su manifester beaucoup de mouvement et de vie dans un dessin représentant une *Charge de cavalerie.* Ces grandes masses équestres sont lancées à fond de train, les casques reluisent au milieu

de la poussière, les glaives étincellent, l'on croit en-
tendre les cris de commandement et la terre tremble
sous les pieds des chevaux.

M. Rouget, artiste décoré et médaillé de première classe, a peint un très-médiocre portrait de
l'impératrice et un *Sommeil du prince impérial* qui
rachète de nombreuses imperfections par un certain
prestige de couleur.

M. Gros-Claude, autre peintre, honoré d'une
foule de prix et de médailles, a pour spécialité une
gaillardise d'allure qui n'est pas déplacée dans les
sujets rustiques et populaires. La *Lecture du bulle-
tin de l'armée d'Orient annonçant la prise de la
tour Malakoff* est une scène de cabaret assez vive
et entraînante, mais dont la vulgarité la plus complète caractérise tous les détails. M. Gros-Claude,
en matière de réalisme, nous représente la *trivialité*, comme M. Millet nous représente le *style*.

VII

PAYSAGE

MM. Ponthus-Cinier. — Servan. — Allemand. — Appian. —
Girardon. — Guy. — Chevallier.— Vernay.

Au bon temps de la peinture historique, on cons-
truisait un paysage comme une ville : les palais, les
temples, les ruines, les fabriques de tout genre
s'entassaient sur la toile, où les arbres, les cieux,
la nature ne jouaient qu'un rôle secondaire. Les
peintres pouvaient dire alors comme Cicéron, van-
tant dans une de ses lettres la belle villa qu'il venait
de créer : « *Hortos ædificavi pulcherrimos.* »

Aujourd'hui le système est changé, on se contente de copier la nature ; mais l'art en devenant
copiste ne s'est pas pour cela astreint à une imitation servile : le tempérament du peintre, sa manière
de voir, de comprendre, de sentir, jouent toujours
un rôle considérable et principal dans l'interprétation des scènes naturelles ; de là l'infinie variété
des genres, des talents, des productions, variété
plus grande, plus féconde, parce qu'elle correspond mieux à la réalité, à la nature, à la vérité,
que celle qui caractérisait les productions des pay-
sagistes historiques ou soi-disant tels. Sans sortir
de l'école lyonnaise, nous pouvons admirer des
œuvres extrêmement remarquables, enfantées par

cette nouvelle méthode appliquée à la conception et à l'exécution du paysage.

M. Ponthus-Cinier se préoccupe avant tout de l'heureux arrangement, de l'agréable disposition du site qu'il veut rendre. Habile décorateur, metteur en scène émérite, il s'adresse aux yeux plutôt qu'à la pensée ou au sentiment; de là le succès populaire de ses compositions : chacun, en effet, se complaît à voir une jolie chose, tandis que bien peu de gens, en matière d'art, peuvent ou veulent prendre la peine de penser et de sentir. Ajoutons qu'avec le talent de choisir agréablement les sujets de ses tableaux, M. Ponthus-Cinier possède celui d'une exécution simple, facile et claire. Son pinceau, maître de lui-même, assoupli par de fortes études et par une longue pratique, suit sans peine la pensée de l'artiste dans son vol peu prétentieux et l'exprime tout entière sans rester jamais en deçà du but, comme il arrive à tant d'autres peintres dont les visées sont plus ambitieuses. Les *Chênes verts de la forêt de Nettuno* sont peut-être l'œuvre la plus complète que cet artiste toujours jeune ait jamais trouvée sur sa palette d'une inépuisable fécondité. Les lointains sont gracieux et enlevés sur nature ; les arbres du premier plan sont de la plus belle forme, de la plus luxuriante végétation. La sève seule du sol italien a pu enfanter les ramures gigantesques de ces colosses dix fois centenaires et plus réellement immortels que les dieux païens dont ils rendaient les oracles et voilaient la majesté sacrée. Le *Pape en promenade sur les hauteurs du lac d'Albano* offre à nos regards un des plus beaux points de vue du monde ; mais ici nous trouvons des tons durs et crus, un coloris froid et généralement défectueux.

L'*Antithèse* de M. Ponthus-Cinier, pour parler comme les philosophes, c'est M. Servan : pour lui le sentiment est tout et la nature pas grand'chose ; s'il la regarde ce n'est jamais pour l'imiter, pour la copier, mais seulement pour lui emprunter un motif vague, une donnée, une indication. Ne cherchez pas sur les toiles de cet artiste des vues, des paysages proprement dits, vous n'y trouverez que des rêveries, des effets doux, calmes et mélancoliques. Les deux compositions que M. Servan a exposées cette année : *Paysage*, le *Soir*, nous semblent exagérer les défauts de cette manière sans en reproduire suffisamment les qualités parfois remarquables ; la première n'est qu'une étude, bonne sans doute, mais moins semblable à un tableau fait qu'à une de ces préparations dont les artistes couvrent la toile au début de leur travail ; la deuxième, est par trop vaporeuse, rien ne s'y distingue bien nettement, et les tons en sont si froids qu'ils rappellent plutôt les brumes grises de l'aube matinale que les teintes généralement plus chaudes et plus colorées du crépuscule.

M. Allemand, (pour continuer à nous exprimer comme Hegel), forme la *synthèse* entre les deux artistes que nous venons de nommer. Plus robuste, plus viril que M. Servan, M. Allemand réunit, à un sentiment toujours profond ou élevé, une étude consciencieuse, incessante de la nature et des maîtres. Moins désireux de plaire que de frapper juste et vrai, sa préoccupation constante est de chercher de beaux effets naturels, de les comprendre, de les exprimer et de les faire sentir au public comme il les sent lui-même.

Tout spectacle de la nature, tout phénomène du ciel ou de la terre correspond, par une loi mystérieuse, à une idée, à un sentiment, à un mouvement de notre âme ; il en résulte que l'artiste, lorsqu'il rend avec fidélité et intelligence les scènes du monde physique, les jeux des ombres et des lumières, l'aspect si varié des divers moments des saisons et des jours, peut arriver à produire les plus puissants effets intérieurs. Le plus grand poète parmi les peintres, Ruisdael, ne sait-il pas, par le spectacle de la mer, d'un nuage ou d'un buisson agité par le vent, remuer ce qu'il y a en nous de plus vivant, de plus intime, et nous plonger dans ces rêveries mystérieuses et extatiques qui, sur les ailes de l'art, ravissent l'âme hors de ce monde terrestre ? Tel est le but élevé que poursuit M. Allemand et il l'a souvent atteint à un certain degré ; dans l'étude intitulée : les *Bois de Charbonnières*, ce soleil doré, lumineux, si joyeux, si vrai qui colore le ciel, sourit à la terre et glisse comme des sylphes, ses rayons dorés à travers les branches, ne fait-il pas songer à la gaîté, à l'ivresse, à la splendeur de la jeunesse ? Et, par une image opposée, ces grands rochers nus et arides d'*Opte-voz*, ces landes incultes et désertes, cette nature sombre et dévastée, ne sont-ils pas l'emblème de l'âme dépouillée de ses illusions, abandonnée de ses rêves, pour laquelle la terre n'a plus de verdure, le ciel plus d'azur, le soleil plus de rayons et sur laquelle pèsent les tristesses, les ennuis, les soucis rongeurs, semblables à ces nuées épaisses, tourmentées par un vent d'orage que le peintre a accumulées avec un art et un sentiment admirables dans les cieux dont la vaste étendue occupe la plus grande partie de sa toile ?

Heureux artiste que M. Appian ! L'élégance exquise, l'admirable composition, le charme inexprimable de ses fusains lui ont dès longtemps conquis toutes les bienveillances, toutes les sympathies, toutes les admirations, et voilà qu'aujourd'hui sa brosse longtemps vacillante prend une fermeté, une vigueur inattendues ; elle devient savante, elle prodigue les chaudes lumières, les eaux transparentes, les terrains solides comme nature. Le *Champ de blé*, disons-le hardiment, est une des œuvres les plus fortes qu'il nous ait été donné d'admirer depuis bien des années. Elle serait parfaite sans quelques touches noires, qui font tache au milieu de l'harmonie générale, et sans l'exécution incomplète du ciel, défectuosité qui se retrouve dans la plupart des toiles du même artiste. En revanche, est-il possible de voir des lointains plus ravissants, des eaux plus heureusement limpides, des terrains plus fermes que ceux du *Bac?* Pourquoi faut-il qu'ici encore la teinte d'un gris nacré de l'atmosphère me laisse dans l'incertitude de savoir si c'est l'azur que je contemple ou si le ciel est couvert de nuages? Et dans la *Mare aux loups*, comme l'air glisse bien parmi ces roseaux si élégants et si légers! et quel fini précieux a présidé à l'exécution de ces arbres au feuillage à la fois si ferme, si léger et si finement découpé !

M. Girardon, dont la couleur un peu éteinte laissait jadis beaucoup à désirer, nous rapporte sur sa palette, non pas un rayon, mais une gerbe de rayons du soleil méridional. Regardez cette vue des *Martigues*, jamais atmosphère plus transparente, plus imprégnée de chaleur, illuminée de plus d'éclat, baigna-t-elle les côtes de la Provence? et comme cette chaude lumière enveloppe et caresse amoureusement ces nuages légers, ces eaux, ces églises, ces maisons de pêcheurs auxquelles l'éclat de ses reflets prête les apparences de palais enchantés et dorés par la baguette magique d'une fée ! Les *Environs de Marseille* nous montrent une terrasse solide comme celles qui naissaient sous le vigoureux pinceau de Decamps. Contre ses murs blancs et éclatants de lumière viennent se briser les flots doucement agités d'une mer clapotante et irisée. Il n'y a à blâmer dans ces délicieuses compositions que les terrains des premiers plans, quelque peu mous, délavés et du ton le plus ingrat.

Quant aux aquarelles du même peintre, nous leur accordons une admiration sans réserve ; elles sont enlevées du premier jet et à la pointe du pinceau avec une verve, un entrain, un brio dont l'art de la peinture à l'eau offre peu d'exemples. Les lointains se profilent avec une élégance remarquable ; M. Girardon sait prodiguer l'espace dans des cadres infiniment petits et faire entrer la grandeur des lignes et des horizons dans un genre borné d'ordinaire à sujets restreints et minutieux

Le *Corbeau et le Renard* de M. Guy est une toile adroitement et spirituellement exécutée, comme toutes celles de cet artiste. Les grands panneaux décoratifs pour le château de Lacarelle prouvent la flexibilité de son talent, qui sait reproduire avec une égale facilité l'ardeur des chiens lançant un lièvre et le calme des natures mortes, les feuilles et les fruits, les pâles brumes du matin et les ardeurs du soleil couchant. La *Rentrée des champs*, avec son ciel pur bordé à l'horizon par une ligne d'or, rappelle les grandes compositions de Cuyp ; l'attelage de bœufs est aussi bien dessiné que ceux de ce maître, malheureusement le modelé général laisse à désirer. Baignés par les chaudes clartés du soir et opposés à l'éclat mourant du firmament, les terrains, croyonsnous, devraient offrir une fermeté et une consistance tout autres que celles que leur a donnée l'artiste.

M. Chevallier cherche la simplicité dans la facture, dans l'exécution, et il y arrive, mais il n'obtient pas

le même résultat dans ses motifs qui renferment trop
de choses accumulées les unes près des autres ; les
arbres, bien que d'un rendu précieux, font un peu
fouillis et manquent d'élégance. Certaines parties des
arrière-plans d'une *Ferme à Creys* sont lumineuses
et bien réussies. Par contre, les rochers du premier
plan dans le *Paysage de Creys* produisent un mauvais effet en se profilant le long du cadre. Pourquoi
le peintre n'a-t-il pas mieux aimé, à la place de ce
remplissage, laisser se continuer sa pièce d'eau ma-
récageuse, dont les roseaux eussent fourni un premier plan léger et gracieux, analogue à ceux que
réussit si bien M. Appian ?

M. Vernay a un certain sentiment de la nature ;
parfois quelques parties de ses paysages sont heureusement exécutées et à peu près réussies, mais
il y a chez cet artiste un mépris ou une ignorance
trop absolue des procédés de l'art. Les noirs et les
verts dispersés comme au hasard font taches dans
ses toiles et empêchent tout effet d'ensemble.

VIII

PAYSAGE (*suite*), MARINE, PEINTRES D'ANIMAUX, NATURE MORTE, FLEURS ET FRUITS.

MM. Malaval, Lortet, Viot. — MM. Humbert, Diday, Fontanesi, Castan. — MM. Aiguier, Simon, Loubon, Crapelet. — MM. Frère, Berchère, Huguet. — MM. Justin Ouvrié, de Curzon, Saal, Papelen, Schampheleer, Van Moër.

Marine. — MM. Bentabole, Ziem.

Peinture d'animaux. — Mmes de la Porte, Ronner. — MM. Palizzy, d'Haussy, Michel.

Nature morte. — MM. Perrachon, Carrey, Paul Saint-Jean, Carou.

Fleurs et fruits. — M. Perrachon. — Mme Puyroche-Wagner. — MM. Lays, Bruyas. — Mlle Stolke. — MM. Pizzety, Sicard, Moussy, Chabal Dussurgey, Maisiat.

M. Malaval avait exposé au dernier salon un intérieur d'atelier fort remarqué ; il nous offre cette année-ci une grande reconstruction historique : *L'ancien confluent du Rhône et de la Saône, et le temple d'Auguste au deuxième siècle de notre ère.* Tout en admirant la bonne et ferme exécution de cette page d'architecture, tout en appréciant comme elles le méritent les laborieuses recherches, le savoir et l'érudition du jeune artiste, notre compatriote, nous regrettons qu'il ait quitté sa voie et négligé l'étude de la nature pour celle de l'archéologie. Nous verrions avec peine qu'il s'exposât à laisser ainsi languir ou s'égarer, faute de persévérance, le talent très-réel dont il commençait à faire preuve. Et voyez comme ces œuvres archaïques sont ingrates pour l'artiste qui leur consacre son temps et son pinceau. Voici qu'au moment même où M. Malaval ressuscite cet antique et noble aspect de notre cité, sa donnée même est mise en doute, son échafaudage s'écroule, ses temples, ses autels, ses colonnes, ses statues, ses portiques si laborieusement reconstruits s'évanouissent en fumée ; des mémoires très-savants lus à l'académie tendent à établir qu'au deuxième siècle, le confluent de nos deux rivières était placé non à l'endroit où nous le retrace l'artiste, mais bien loin de là, au pied de la colline de la Croix-Rousse, sur l'emplacement actuel de la place des Terreaux !

La couleur de M. Lortet laisse beaucoup à désirer ; ses fusains sont gracieux, mais il leur manque souvent la vigueur et le parti pris. Faisons cependant une exception en faveur du *Ravin de Bordighiera* ; il y a dans cette composition de l'élégance, de la grandeur et presque du style.

L'*Intérieur de bois*, de M. Viot, est d'un bel et large effet, bien que les premiers plans soient lourds et d'un vert trop cru. Nous aimons mieux la couleur de sa *Chaussée d'étang ;* ici la lumière est plus vraie et l'air circule mieux ; quant aux *Pâturages du haut Bugey*, les divers plans ne se distinguent pas aussi nettement qu'ils devraient le faire dans l'atmosphère claire et transparente d'une contrée montagneuse. Le ciel, qui apparaît d'ordinaire si lumineux et si léger sur les hauteurs, est ici terne et pesant.

Cette lucidité de l'air des pays froids et élevés est parfaitement connue de M. Humbert qui l'exprime sans hésitation et au risque de tomber parfois dans la crudité et la dureté. Ses ciels sont d'un bleu franc et ses gazons du vert *anglais* que nous avons contemplé si souvent sur les montagnes de la Suisse et sur les rives de la Tamise. De pareils effets n'ont rien de bien harmonieux, mais ils sont vrais. Parfois, le peintre les adoucit, comme dans sa *Vache ruminant,* par un grand parti pris d'ombre, ou en jetant sur la vallée un léger brouillard dont la teinte grise tempère ce que le bleu des cieux, le vert de la prairie et le blanc des glaciers auraient dans leurs rapports de trop heurté et de trop choquant.

Il est curieux d'étudier comment les divers peintres genevois affrontent ou éludent ces difficultés de rendu que présente la nature alpestre et qu'aborde si franchement M. Humbert : M. Diday résout le problème en noyant tout son paysage dans une teinte d'un violet grisâtre ; l'air et le soleil sont pareillement absents dans sa *Vallée d'Anniviers.* M. Fontanesi peint ses terrains d'une touche large et ferme ; il les colore d'une belle lumière et procède par des effets francs et hardis ; mais en revanche, par le beau comme par le mauvais temps, le ciel conserve dans ses toiles une teinte d'un bleu gris éteint, très-favorable sans doute comme opposition et repoussoir, mais tout à fait illusoire comme vérité. M. Castan est moins habile, moins *roué* si l'on veut, mais plus naturel : une opaque verdure, une grasse végétation, une exubérance de fraîcheur éclatent dans ses paysages, comme dans la nature riante et plantureuse dont il sait trouver sur sa palette l'image et le sentiment.

Les paysages méridionaux, moins accidentés, moins nuancés de teintes violentes et heurtées que ceux du Bugey et de la Suisse, se prêtent mieux aux grands effets d'ensemble et à une majestueuse harmonie. L'étendue infinie de la mer et du ciel, l'astre-roi étincelant au milieu même de la toile et baignant la terre, les vagues, l'horizon d'une chaude lumière, tel est le motif qu'aime à reproduire M. Aiguier, et que nous retrouvons dans sa *Pêche au Bourgin*, toile remarquable par une simplicité pleine de grandeur et de majesté.

M. Simon, de Marseille, est moins brillant que son compatriote, M. Aiguier ; il ne sait pas comme lui donner à ses tableaux cette belle *patine* qui rappelle la couleur des maîtres, sa tonalité est généralement grise, un peu éteinte ; mais, en revanche, personne mieux que M. Simon ne s'entend à réveiller cet effet monotone par quelques chauds et brillants rayons de soleil méridional qui, glissant à travers le feuillage léger d'un tamaris ou d'un pin maritime, viennent caresser amoureusement le pelage des moutons et des chèvres, modèles de prédilection de cet artiste dont les qualités doivent être d'autant plus appréciées que, simple artisan, il n'a pu étudier la peinture qu'à ses moments perdus, qu'il n'a pas eu de maître et s'est créé lui-même peintre de par le droit du travail, de la persévérance et du talent.

En parlant des Méridionaux j'aurais dû commencer par M. Loubon, directeur de l'école des beaux-arts de Marseille. Son mérite de coloriste, si connu et si apprécié de notre public, n'apparaît peut-être qu'imparfaitement cette année dans les deux petites toiles qu'il nous a envoyées : *Environs d'Antibes*, *Lavandières* (Basses-Pyrénées).

M. Crapelet est un praticien de l'habileté la plus consommée, d'une dextérité de main inimitable, et qui gagnerait peut-être à résister un peu à sa facilité naturelle et acquise pour en revenir de plus près à la nature.

De la Provence à l'Asie et à l'Afrique, nous pouvons passer sans transition. Les *ruines de Balbeck* de M. Frère sont une des meilleures toiles que nous ait jamais envoyées ce reproducteur fidèle et élégant de l'immensité des déserts, du soleil éclatant, de la lumière éblouissante. L'*Abreuvoir de Gaza*, de M. Berchère, offre un paysage moins grandiose et moins sévère que le précédent ; la scène a moins de majesté, l'horizon moins d'étendue, l'aridité du sol moins de désolation ; c'est un aspect plus intime et plus familier de la nature orientale. Une végétation sinon riche, du moins d'un vert agréable, réjouit les bords de la flaque d'eau, dans laquelle

viennent à l'envi s'abreuver les chameaux, les chevaux, les ânes et même les poules familières et les
canards barboteurs. On se croirait en Europe, n'é-
tait le costume des chameliers et les ruines dorées
par le soleil dont les vastes arceaux décorent l'horizon sans le borner. Le *marché de Souk-el-Arbah*
(Algérie), de M. Huguet, manque de lumière et est
peint dans des tons plâtreux qui ne font pas honneur à la manière de l'auteur.

Après cette rapide excursion hors de la partie du
monde que nous habitons, hâtons-nous de revenir à
l'Europe.

Voici le château de Windsor où va se célébrer le
fameux hyménée entre la princesse du Danemark et
le prince de Galles; c'est un paysage de circonstance, et M. Justin Ouvrié l'a caressé, soigné, finiolé
avec autant d'amour que s'il devait passer sous les
yeux du jeune et royal couple pour lequel les Anglais montrent tant d'enthousiasme. Pas un détail
n'est négligé, pas un arbre, une chaumière, une
haie, une barrière ne sont omis, et je suis sûr que
le prince de Galles reconnaîtrait à la loupe la trace
de ses pas dans ses sentiers verdoyants, la branche
sur laquelle il a tué un merle, ou la pierre sur laquelle il s'est assis dans son enfance. Tout cela est
fort gracieux, très-gentil, infiniment ingénieux, mais
selon nous, M. Justin Ouvrié, dans sa peinture,
cherche trop *la petite bête*, comme on dit en langage
d'atelier.

Il y a autrement de style et d'entente de la grande

manière dans *une ferme de la campagne de Rome*
de M. de Curzon. Malheureusement deux défauts
déparent cette toile : d'abord la couleur, dont le
ton gris et sombre l'attriste outre mesure ; ensuite
la cheminée qui nous rappelle, par ses formes et
ses dimensions, les odieuses cheminées de fabriques
et de hauts-fourneaux qui déshonorent trop nos
paysages environnants pour que nous aimions à les
voir reproduire dans des sites étrangers.

Notre revue du paysage menace de se prolonger
indéfiniment ; bornons ici cette carrière, mais non
sans mentionner les toiles suivantes, toutes excel-
lentes à divers titres : *Clair de lune*, par M. Saal,
effet d'une vérité saisissante et d'un rare sentiment
d'harmonie ; les *Dunes*, de M. Papeleu, vaste composition exécutée avec une franchise, une largeur,
une intelligence d'effet dignes de l'admiration des
vrais connaisseurs ; *Champ de blé*, par M. Sphamphe-
leer, toile fort remarquée et digne de l'être dans
certaines parties, mais dans d'autres, le ciel, et le
fond par exemple, négligée outre mesure ; *Arcades
de la cathédrale de Spalato*, par M. Van-Moër,
chef-d'œuvre d'ordonnance, de fermeté, de couleur
et de perspective, l'un des joyaux du bel écrin
formé par les acquisitions de la commission des
Amis-des-Arts.

Les marines sont faiblement représentées à ce
salon ; nous ne pouvons mentionner qu'une bonne
toile, la *Pêche au maquereau*, de M. Bentabole, et
la *Grande vue de Constantinople*, de M. Ziem, vé-

ritable débauche de lumière et de couleur, fort diversement appréciée, et qui scintille, étincelle, resplendit, éclate au milieu de notre exposition comme la queue d'un paon ou comme le bouquet d'un feu d'artifice.

Les chiens de Mme de la Porte, sont des animaux spirituels, et partageant nos idées, nos mœurs et nos passions ; parmi eux existent des classes, une hiérarchie, des distinctions sociales; ils sont *Riches ou pauvres*, nobles ou roturiers comme *Marquis et Furette* ; ils ont des boudoirs comme *Sylphe et Marphize*, en un mot rien ne leur manque de l'humanité que la parole, et il n'est pas douteux d'après l'expression de leurs figures pileuses, que selon la doctrine spirite, une âme véritable n'habite leur corps. Les chiens de Mlle Ronner appartiennent à une variété ardente, passionnée, mais d'une civilisation moins raffinée que la précédente. La *Poursuite* nous représente un parti de guerriers et de chasseurs acharnés à la poursuite de l'ennemi commun, la race féline. La *Chienne et ses petits* nous prouve que la vie de famille, les sentiments tendres ne sont point inconnus à cette tribu belliqueuse. Les bœufs et les moutons du *Soleil couchant* du même auteur sont tout simplement d'honnêtes bestiaux revenant du pâturage sans arrière-pensée, sans singer l'humanité et sans autre préoccupation que celle de brouter l'herbe tendre. Ils sont vrais, naturels et bien dessinés, malheureusement cette composition est recouverte d'une espèce de brouillard qui en détruit tout l'effet, les terrains sont flasques ; le manque de solidité, de consistance, de modelé se fait partout sentir.

Nous aimons mieux les *Chèvres* de M. Palizzy ; ici tout est net, franc, bien précisé, mais un peu frotté peut-être : la maigreur ardente, les allures pétulantes, la vivacité capricieuse de ces dames cornues, barbues et au pied fourchu sont parfaitement rendues par le pinceau de M. Palizzy.

M. d'Haussy, pour peindre des canards et des oies, prodigue tous les trésors d'une palette de vénitien.

M. Michel a su modeler sur la toile un trio de cigognes d'un naturel exquis et d'une vérité frappante.

Parmi les natures-mortes, nous signalerons d'abord le *Paon* de M. Perrachon. Le plumage de l'oiseau de Junon s'enlève dans la demi-teinte sur le tapis cramoisi qui recouvre une table de marbre, tandis qu'à côté, des oranges plus étincelantes que les pommes d'or des Hespérides, des grenades aux pepins de rubis resplendissent en plein soleil. Jamais l'art décoratif n'obtint effet plus splendide, jamais prince ou grand seigneur ne trouva composition plus digne d'être encastrée dans les panneaux sculptés d'une luxueuse salle à manger !

Si M. Perrachon est le Van Dyck, le Rubens de la nature morte, M. Carrey en est le Chardin ou le Guillaume Kalf. Un chaudron, une cafetière et des huîtres tel est le motif tout démocratique de son tableau, véritable tour de force de science et de couleur. Ici les blancs s'enlèvent sur les blancs aussi nettement que le feraient ailleurs les couleurs les plus opposées ; la chaleur, la lumière vive et éclatante s'obtiennent au moyen de tons neutres, d'ombres grises, de demi-teintes transparentes ; point de contraste forcé, point de violent repoussoir, aucune partie sacrifiée, aucune de ces ficelles dont s'entendent si bien à jouer les peintres à succès ; l'harmonie est partout et le public, peu charmé du sujet, doit rendre un hommage éclatant au talent de l'artiste.

MM. Paul Saint-Jean et Caron, ont l'un et l'autre exposé des natures mortes dans lesquelles, à côté de certaines taches et de quelques négligences, on peut signaler des qualités fort remarquables.

Partout ailleurs qu'à Lyon, notre exposition de fleurs et de fruits serait jugée excellente, mais dans la patrie des Berjon et des Saint-Jean on a le droit de se montrer exigeant ; aussi, malgré toute notre bonne envie de nous déclarer satisfaits, ne le sommes-nous que médiocrement.

M. Perrachon ne nous offre dans de petites toiles que des fleurs toutes simplettes, sans prétention, en déshabillé du matin et qui n'ont pas fait le moindre brin de toilette pour se présenter au salon : ses *roses* sont placées comme un hasard dans un prosaïque verre d'eau, sans autre ornement que leur grâce, leur fraîcheur naturelle, rehaussée encore par la transparence de l'eau et du cristal ; ses *fleurs dans un vase* (des soucis et des oreilles d'ours je crois), font comme le lys de l'Evangile et se contentent pour leur parure, de l'or et la pourpre dont les a revêtues le bon Dieu. Ses *giroflées* sont légèr(s, simples et vraies comme la nature.

Comme tableaux de style et de grande décoration, nous citerons d'abord le *Vase de fleurs*, de Mme Puyroche-Wagner, vaste et noble composition digne de décorer un palais, dans laquelle resplendissent, baignés d'une éclatante lumière, au milieu d'élégants et luxueux accessoires, les produits les plus riches, les plus suaves, les plus variés de la nature et du printemps ; ensuite le *Vase de fleurs* de M. Lays, tableau d'un bel ensemble et d'une précieuse exécution.

Les *Fleurs sur la margelle d'un puits*, de M. Bruyas, ne manquent pas d'originalité ; l'exécution en est large, mais un peu inégale. La toile du même auteur intitulée *Avant de faire le bouquet*, nous semble d'une facture irréprochable et d'une excellente couleur.

Le sujet choisi par Mlle Stolke est ingénieux et poétique ; ses fleurs sont bien dessinées et élégamment disposées, mais elles manquent de fraîcheur.

M. Pizzety, dont la peinture sèche et léchée nous est d'ordinaire peu sympathique, a été moins heureux encore cette année que de coutume. Ses fruits sont de marbre ; sa couleur est des plus ternes, des plus ingrates.

M. Sicard excelle à rendre, au moyen du pastel, la chair ferme, polie, luisante de certains fruits, l'écorce rugueuse des branches, les déchirures dentelées de la feuille, ainsi que l'éclat métallique de la porcelaine ou de la faïence vernie. Ses fleurs des champs sont enlevées avec finesse et élégance.

M. Moussy a su, lui aussi, tirer un excellent parti du pastel appliqué à la peinture florale ; dans sa *Croix de mai* les fleurs sont gracieuses, légères et d'une agréable couleur, mais faisant un peu trop fouillis.

Pour finir sous une heureuse impression terminons par deux maîtres : MM. Chabal-Dussurgey et Maisiat. Le premier, dans ses dessins des meubles du salon bleu de l'Impératrice et du grand salon de l'Elysée, nous offre des modèles exquis du parti qu'on peut tirer de la fleur employée comme ornementation. Il serait à désirer que ces dessins d'un maître pussent être acquis pour notre école des beaux-arts. La *Couronne*, du même auteur, est enlevée à la pointe du blaireau, avec une adresse, une légèreté, une grâce des plus remarquables ; la *Corbeille de fleurs* nous plait moins, elle nous semble d'un goût douteux et d'une exécution quelque peu maigre.

M. Maisiat, le peintre de l'*âme des fleurs*, comme on l'a appelé, a eu le tort de placer dans une fort grande toile un sujet insuffisant pour la remplir. Les fleurs de l'*églantier* sont gracieuses, mais trop minces et frêles pour fournir à elles seules le motif d'une vaste composition. Comme accessoires, elles sont charmantes, comme sujet principal, elles semblent des papillons blancs voltigeant sur la verdure opaque et cherchant des fleurs absentes dans cette peinture de fleurs.

IX

Notre excursion à travers le salon est terminée ; nous avons apprécié, dans la mesure de nos moyens et dans les proportions restreintes d'une exposition de province, ce dont l'art moderne est capable. Aujourd'hui, pour achever de renseigner autant que possible nos lecteurs sur cette intéressante solennité artistique, nous mettons sous leurs yeux le tableau des acquisitions faites tant par la société des Amis des Arts que par les amateurs. Ils y verront que cinquante-deux ouvrages d'art ont été acquis par la société, et trente-neuf par les amateurs; ajoutons que la somme dépensée par la commission est de 27,000 fr. ; celle dépensée par les amateurs est à peu près égale ; six à sept mille francs ont été nécessaires pour les frais des concours de fleurs, d'ornements et de lithographie, ainsi que pour la gravure des planches accordées en prime aux sociétaires ; c'est donc en tout soixante mille francs à peu près répartis entre quatre-vingt-cinq ou quatre-vingt-dix artistes, à titre d'acquisition, de récompense ou d'encouragement. Un pareil résultat est certainement des plus remarquables, surtout au milieu de la crise industrielle et commerciale que nous traversons. Il ne peut qu'exciter la société des Amis des Arts à redoubler de zèle et d'efforts, la ville et la chambre de commerce à continuer leurs encouragements à une si louable institution, et les sociétaires non-seulement à renouveler leurs souscriptions, mais encore à les augmenter et à faire en faveur de l'œuvre une fructueuse propagande qui, par une augmentation des recettes, permette un jour l'acquisition d'ouvrages d'art plus nombreux, plus importants, et rende enfin nos expositions, déjà si remarquables, vraiment dignes du rang élevé qu'occupe dans le monde notre cité par sa population, sa richesse, son industrie et son amour éclairé de toutes les choses grandes, nobles et belles.

OEuvres d'art acquises par la société des Amis des Arts :

A. Legras, *Méditation*. G. Girardon, *Les Martigues*. Hillemacher, *Les Présents de noce*. Saal, *Clair de lune*. Chabal-Dussurgey, *Couronne de fleurs*. Berchère, *Abreuvoir à Gaza*. Appian, *Mare aux loups*. Appian, *Chemin des roches* (fusain). Bellangé, *Une arrière-garde protégeant un convoi*. Servan, *Le soir* (paysage). Hunten, *Frédéric-le-Grand devant la forteresse de Schweidnitz*. Perrachon, *Vase de fleurs*. Lays, *Vase de fleurs variées*. Accard, *Le maréchal de Bassompierre félicitant le poète Racan*. P. Flandrin, *Paysage*. Carrey, *Nature morte*. Bentabole, *Pêche au maquereau*. Soumy, *Jeune Fille d'Alvito*. Simon, *Halte sur la colline*. Bruyas, *Avant de faire le bouquet*. Keelhoff, *Paysage*. Monfallet, *Le Château de cartes*. Hebert, *L'Enfant à la tortue* (bronze). Mène, *Cheval breton* (bronze).

Bertrand, *Poscucia* (tête d'étude). F. Grobon, *Gibier d'eau*. Carron, *Une table de cuisine*. A. Sicard, *Une branche de prunes* (pastel). D'Haussy, *Moutons perdus*. Schampheleer, *Champ de blé*. Van-Moer, *Arcades de la cathédrale de Spalato*. Roussin, *Offrande à Saint-Corentin*. Valantin, *Gentillesse de singe*. Loudet, *Coriolan*. Schlesinger, *Jeune Fille jouant avec des chiens*. Cellier, *Le peloton de laine*. Papeleu, *Les grandes dunes de la Somme*. Lehmann, *Ecce mater tua* (dessin). Horgnies, *La leçon de plain-chant*. Huberti, *Paysage d'automne*. Chevalier, *Paysage de Creys*. Webb, *L'alchimiste*. Jundt, *L'inventaire*. Ponthus-Cinier, *Hauteurs du lac d'Albano*. J. Salles, *Une Fornarina*. Castan, *Un ruisseau*. Glaize, *Le dîner de Sancho-Pança*. N. Sicard, *Charge de cavalerie*. Th. Frère, *Ruines de Balbeck*. Morel-Fatio, *La marine à Capri*. A. Guérard, *La servante indiscrète*. Valerio, *Le dimanche matin*. Mme Ronner, *chienne avec ses petits*. Mme Armand Leleux, *Le Petit Lever*.

Ces œuvres, on le sait, doivent être réparties par le sort entre les sociétaires et les souscripteurs de la société des Amis des Arts.

Ouvrages d'art acquis par les amateurs :

Fichel, *Chanteurs ambulants*. Appian, *Le bac*. *L'étang des Fées* (fusain). *Le chemin creux* (id.). *Environs de Rix* (id.). Humbert, *Vache ruminant*. *Chèvres dans les bois*. *Paysage et animaux*. J. Gélibert, *Chiens briquets*. Le Poitevin, *L'abordage*. L. Vollon, *La musique*. *La lecture*. G. Girardon,

Environs de Marseille. Côte de Provence (aquarelle). Magaud, *Becfigue suspendu par la patte.* Mme Targe, *Pêches et raisins.* Mlle Berthod, *Fruits.* Van Schendel, *Marché d'Amsterdam.* J. Frère, *Vue du Caire. Bords du Nil.* L. Bail, *La lessive.* Ponthus-Cinier, *La forêt de Nettuno.* Kuwasseg, *Une falaise.* De Heuvel, *Une école.* Mme Ronner, *La poursuite.* A. Sicard, *Fleurs des champs.* Vernay, *Bords de la rivière d'Ain.* Fortin, *Scène de famille.* Bonthoux, *Fleurs.* De Fontenay, *Paysage.* Chevalier, *Une ferme à Creys.* Lambinet, *La chaumière.* Comte-Calix, *Le chant du rossignol.* Mme de la Porte, *Riche et pauvre.* Danguin, *Portrait d'après* Carruci (dessin). Blin, *Le Liamone* (Corse). Mlle Cherpin, *Le gardien.* F. Grobon, *Coupe de raisins.* Lapito, *Vue de Brientz.* Huguet, *Marché de Souk-el-Arbah.* Junghein, *Le Wallensee.* Brissot, de Warville, *Moutons.*

Chanoine, imprimeur à Lyon.